FACULTÉ DE DROIT DE POITIERS

DE LA REPRÉSENTATION

DANS LES SUCCESSIONS

EN DROIT ROMAIN ET EN DROIT FRANÇAIS

THÈSE

PRÉSENTÉE A LA FACULTÉ DE DROIT DE POITIERS

POUR OBTENIR LE GRADE DE DOCTEUR

ET

SOUTENUE LE VENDREDI 8 JUILLET 1870, A DEUX HEURES DU SOIR

DANS LA SALLE DES ACTES PUBLICS DE LA FACULTÉ

PAR

ALPHONSE ARNAULD

AVOCAT.

POITIERS

TYPOGRAPHIE DE HENRI OUDIN

RUE DE L'ÉPERON, 4.

1870

FACULTÉ DE DROIT DE POITIERS.

DE LA REPRÉSENTATION

DANS LES SUCCESSIONS

EN DROIT ROMAIN ET EN DROIT FRANÇAIS

THÈSE

PRÉSENTÉE A LA FACULTÉ DE DROIT DE POITIERS

POUR OBTENIR LE GRADE DE DOCTEUR

ET

SOUTENUE LE VENDREDI 8 JUILLET 1870, A DEUX HEURES DU SOIR

DANS LA SALLE DES ACTES PUBLICS DE LA FACULTÉ

PAR

Alphonse ARNAULD

AVOCAT.

POITIERS

TYPOGRAPHIE DE HENRI OUDIN

RUE DE L'ÉPERON, 4.

1870

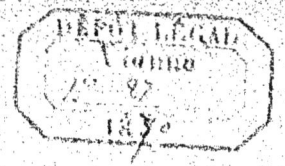

COMMISSION :

PRÉSIDENT, M. FEY ✲, doyen.

SUFFRAGANTS :	M. MARTIAL PERVINQUIÈRE.	PROFESSEURS.
	M. LEPETIT. ✲	
	M. A. DE LA MÉNARDIÈRE.	
	M. LECOQ.	AGRÉGÉ.

A MON PÈRE.

—

A MA MÈRE.

INTRODUCTION.

Avant d'entrer dans le détail des questions particulières auxquelles peut donner lieu l'étude de la *représentation*, il est nécessaire d'examiner d'abord ce que c'est que cette institution et quels sont ses effets en général.

Il est dans la nature même des choses que, entre plusieurs héritiers présomptifs de même ordre, le plus proche succède à l'exclusion des plus éloignés. En écrivant ce principe dans un Code, le législateur ne fait que se conformer aux règles ordinaires des affections humaines ; mais s'il le maintenait toujours et dans tous les cas, il irait à l'encontre de ces mêmes affections et briserait le cœur de l'homme dans ses vœux les plus chers.

Il n'est pas moins incontestable, en effet, que pour succéder, il faut nécessairement exister à l'instant de l'ouverture de la succession. L'art. 725 du Code Napoléon énonce ce principe, et l'on ne conçoit pas une loi sur les successions qui ne le reconnaisse explicitement ou implicitement. D'où il suit que si l'héritier présomptif est décédé avant l'ouverture de la succession, il n'y a jamais eu aucun droit, et il n'a pu en transmettre aucun à ses propres héritiers. On arrive donc, si la loi n'y a pas porté remède, à cette conséquence infiniment regrettable que, alors même que ces derniers touchent de très-près au défunt et tiennent une grande place dans ses affections, ils n'en sont pas moins complétement exclus de sa succession, parce qu'il y a un parent d'un degré plus proche.

Un père laisse à son décès des enfants et des petits-enfants; il a reporté sur ceux-ci tout l'amour et toute la sollicitude qu'il avait pour leur père ou pour leur mère; n'est-il pas naturel de penser qu'il les investit également par le désir de tous les droits qu'aurait eu celui dont ils font revivre le souvenir dans la famille et dont ils occupent la place au foyer domestique? Il serait dur que la mort prématurée d'un père ou d'une mère, dont les tristes conséquences sont déjà assez nombreuses, pût encore diminuer pour l'avenir les ressources de malheureux enfants que leur infortune, au contraire, rendrait plus dignes d'intérêt!

Ainsi les motifs mêmes sur lesquels la règle de la proximité du degré est fondée exigent que l'on y apporte une exception : exception qui, du reste, est plutôt apparente que réelle, puisque, loin d'y faire une dérivation, elle n'en est, au contraire, que le complément le plus équitable et la plus éclatante confirmation.

Cette disposition exceptionnelle constitue la *représentation*, qui n'est pas autre chose que la subrogation légale d'un homme vivant à un homme mort, et, comme le disaient les anciens auteurs de droit coutumier, l'image présente de la personne absente... *absentis alicujus præsens imago*. Elle fait revivre, en quelque sorte, dans la personne des enfants, leur père ou leur mère prédécédés.

On trouve des traces de cette institution chez les peuples les plus reculés ; et bien qu'elle n'y soit pas désignée par une appellation spéciale, elle n'en existe pas moins en réalité. Des travaux publiés de nos jours nous montrent avec certitude qu'elle existait chez les Grecs, du moins à Athènes, pour la descendance mâle à l'infini[1] ; de même, dans la législation des Hindous, au profit des petits-fils, mais seulement jusqu'au troisième dégré[2] ; et il y a tout lieu de conjecturer que chez les Hébreux également le principe en était admis, tout au moins en ligne directe. On lit, en effet, dans la Genèse[3] que Tharé ayant amené avec lui son fils Abraham et son petit-fils Loth, fils d'Aram, dans la terre de Chanaan, lorsqu'Abraham voulut se séparer de Loth, son neveu, il lui donna comme à un frère une part égale à la sienne de tous ses biens ; *fratres enim sumus*, dit Abraham.

Le principe de la représentation est si équitable que nous ne devons pas nous étonner de le rencontrer dans la plupart des législations anciennes et modernes. Si

1. Lerminier, *Histoire de la législation et des constitutions de la Grèce antique.*

2. Orianne, conseiller à la cour de Pondichéry, *Traité original des successions d'après le droit hindou.*

3. Ch. 11, 12 et 13.

quelque chose doit surprendre, c'est plutôt la lenteur avec laquelle il a été admis par l'une des deux législations où nous allons l'étudier dans son origine et dans son développement ; mais c'est en même temps une preuve de sa parfaite conformité à la nature humaine, que malgré les obstacles qu'il a rencontrés, il se soit néanmoins introduit et si fortement établi que son application se confond à présent avec celle des principes les plus élémentaires de justice.

DROIT ROMAIN.

On ne trouve dans les écrits des jurisconsultes romains aucune définition de la représentation. Ce mot leur a même été inconnu dans le sens que nous lui attribuons ici; et il ne paraît pas qu'ils en aient employé un autre pour désigner spécialement la succession des petits-enfants en concours avec des oncles ou tantes.

Mais si le nom n'existait pas, la chose n'en était pas moins existante, et elle paraît même remonter fort loin. Avant donc d'examiner cette institution dans son plus grand développement, nous devons rechercher son origine; nous verrons ensuite les modifications successives qu'elle a subies sous l'empire du droit prétorien et des constitutions impériales antérieures aux Novelles; puis viendra l'exposition des décisions des Novelles 118 et 127, qui forment sur cette matière le dernier état du droit, et en même temps la discussion des questions que ces lois ont laissées indécises.

CHAPITRE PREMIER.

ORIGINE DU DROIT DE REPRÉSENTATION.

Ainsi que nous venons de le dire, la représentation remonte aux premiers temps de la législation romaine. Elle était une conséquence de l'organisation de la famille et de la théorie des successions.

Le plus ancien droit, en effet, et la loi des Douze Tables qui l'a consacré, reconnaissaient trois ordres de successibles : les héritiers siens, les agnats, les gentils. Les héritiers siens, et tous les héritiers siens, étaient appelés en premier lieu. Ils se recrutaient parmi les personnes soumises à la puissance du père de famille, laquelle s'étendait sur les enfants, sur les enfants des fils, *nepos et neptis ex filio*, sur les petits-enfants, *pronepos et proneptis*, et enfin sur toute la postérité de mâle en mâle, *et deinceps cæteri* (Inst. *de Patria potestate*, § 3). Mais il ne suffisait pas d'être sous la puissance du père de famille pour être héritier sien, il fallait de plus l'être à un degré immédiat (Gaius, C. II, § 156. — Inst. L. II, t. XIX, § 2). C'était donc naturellement l'enfant au premier degré ; mais si un enfant de premier degré était enlevé à sa famille, soit par la mort, soit par toute autre cause libératrice de la puissance paternelle, alors le petit-fils ou la petite-fille prenait la place de son père, se trouvait désormais sous la puissance immédiate de son aïeul et devenait par conséquent héritier sien. Le petit-enfant concourait ainsi avec ses oncles ou tantes, quoique ceux-ci fussent au premier degré, et que lui ne fût qu'au second. *Æquum enim esse videtur nepotes neptesque in parentis sui locum succedere*, disent les Institutes (L. III, t. I, § 6). Dans cette réflexion on voit évidemment la trace de l'esprit nouveau qui animait le législateur du temps de Justinien. Il est permis de douter que ces motifs d'équité, découverts après coup et après bien des siècles, aient eu une grande influence sur les rédacteurs de la loi des Douze Tables. Ce n'est pas l'équité qu'il faut chercher dans ces premiers temps du droit romain, mais seulement la logique, logique qui amenait de bons ou de mauvais résultats suivant que les principes dont elle déduisait les conséquences avaient leur fondement dans la nature des choses ou dans un arbitraire né de l'orgueil et de la domination. Et ces derniers étaient nombreux.

Ainsi, une fois établies la puissance paternelle et la théorie des successions telles qu'elles sont dans la loi des Douze Tables, le droit de représentation en découlait nécessairement pour les enfants des fils. Mais, par l'effet de la même logique, la représentation restait imparfaite, et le bénéfice ne s'en étendait pas aux petits-fils nés de la fille, ni aux enfants du fils émancipé, nés depuis l'émancipation : ce qui est cependant très-fondé en équité, ce qui n'eût pas manqué d'arriver si l'équité avait été dans la pensée du législateur le fondement de la représentation, et ce qui arrivera effectivement quand les préceptes de la justice naturelle feront sentir leur influence sur les lois.

Les enfants de la fille, en effet, et ceux du fils émancipé, nés après son émancipation, n'étaient plus sous la puissance de leur aïeul, et par conséquent manquaient de la première condition nécessaire pour être héritiers siens.

Mais de ce que la vocation des enfants des fils à la succession de leur aïeul, et leur concours avec leurs oncles ou tantes était une conséquence forcée de l'organisation de la famille et des successions, il ne faut pas en conclure, ainsi qu'il a été fait, que ce ne fût pas là véritablement la représentation. Il y a représentation toutes les fois que dans une succession une personne vient prendre la place d'une autre et user de ses droits; et du moment qu'une ou plusieurs personnes viennent prendre la place d'une autre et user de ses droits, il est conséquent que ces droits passent tels qu'ils sont à ceux qui en profitent, sans diminution, comme aussi sans augmentation. Si donc un père de famille vient à mourir, laissant des enfants et des petits-enfants ou arrière-petits-enfants, les descendants des fils prédécédés ne doivent compter que pour leur père qu'ils représentent, et ils ne doivent prendre à eux tous dans la succession que la part qui serait revenue à celui-ci, pour ensuite se la partager entre eux. Ainsi, au lieu de faire autant de parts égales qu'il y a de têtes d'héritiers, on n'en doit faire qu'autant qu'il y a eu de fils au premier degré, lesquels sont considérés comme des souches d'où sont partis de nouveaux rameaux, et chaque part est dévolue dans chaque souche, soit au chef s'il existe encore, soit aux rameaux qu'il a laissés s'il est mort avant l'ouverture de la succession (Ortolan, *Explic. hist. des Inst.*, n° 1004).

Or, c'était bien ainsi que les choses se passaient dans

la succession romaine telle qu'elle était organisée dans l'ancien droit. Les petits-enfants venaient prendre la place de leur père sorti de la famille ; et le partage par souches, qui est une conséquence naturelle du principe de la représentation, sans lequel on ne le conçoit pas, existait, comme nous l'apprennent les Institutes, dès l'antiquité la plus reculée (L. III, t. I, § 16). *Conveniens esse visum est non in capita, sed in stirpes hereditatem dividi (eod. tit.* § 6).

Ainsi, bien que le législateur n'ait pas eu spécialement en vue d'établir et d'organiser la représentation, le résultat n'en a pas été moins acquis ; on ne peut se dispenser de la reconnaître et de la constater lorsqu'elle se présente avec ses caractères distinctifs ; et de ce fait que les petits-enfants nés de la fille ou du fils émancipé, après son émancipation, n'étaient pas appelés, on ne peut pas arguer, comme on le fait, que la représentation n'existât pas pour les petits-enfants nés du fils.

Ceux qui soutiennent l'opinion que nous combattons en arrivent, du reste, à se contredire. Après avoir dit : la représentation y avait si peu de part, à cette vocation des petits-enfants, que le petit-fils né de la fille, qui n'était pas *sien*, ne pouvait pas venir à la succession ; ils voient cependant une première trace de la représentation dans l'édit du préteur, qui accorde la possession de biens aux enfants émancipés et aux petits-enfants nés depuis l'émancipation, en cas de prédécès du père [1]. Mais, pourrait-on leur dire, c'est encore si peu

1. Guyot. *Répertoire*, v° *Représentation*, 1re partie, § 1.

la représentation, que les enfants des filles ne sont pas appelés.

Non; ce qui est vrai, c'est que, dans les premiers temps du droit romain, la représentation était très-imparfaite; mais de ce qu'elle était imparfaite, on ne peut pas dire qu'elle n'existât pas.

On peut, il est vrai, tirer objection du titre *de conjungendis cum emancipato liberis*, au Digeste. Ce titre nous montre que le préteur, pour corriger la rigueur de la loi des Douze Tables qui faisait venir à la succession de l'aïeul le petit-fils héritier sien à la place du fils émancipé, a voulu qu'ils concourussent ensemble et partageassent la succession. Or, dit-on, ce concours n'aurait pas eu lieu si le petit-fils eût tiré son droit de la représentation; le représentant succède toujours à défaut du représenté, jamais avec lui.

Assurément, mais cette disposition ne prouve qu'une chose, c'est qu'un des cas pour lesquels la représentation avait lieu autrefois pour les petits-enfants a été supprimé par le préteur. Autrefois, le fils qui sortait de la famille par l'émancipation ne pouvait plus être héritier, parce que pour être héritier sien il fallait être sous la puissance du père de famille, et qu'il n'était appelé à aucun titre par la loi des Douze Tables (Inst. L. III, t. 1, § 9). Ses enfants venaient naturellement prendre sa place. Mais la logique absolue convenait peu à ces institutions arbitraires dont se compose la législation primitive de Rome, et qui avaient pour but non de donner satisfaction aux sentiments naturels, mais d'établir et de sauvegarder les priviléges d'une aristocratie jalouse et tyranique. Aussi voyons-nous des dérogations successives apportées à la législation primitive, à mesure que les préceptes d'équité naturelle s'introduisaient dans les mœurs et venaient faire échec aux lois rigoureuses des patriciens. C'est ainsi qu'à côté de l'hérédité étroite des Douze Tables, vinrent se placer les *possessions de biens*. Le préteur, dont les fonctions consistaient à assurer l'exécution de la loi, était chargé, en cas de contestation, de faire livrer et maintenir à l'héritier la possession des biens du défunt, et dans le principe, il dut donner exclusivement la possession des biens à ceux qui étaient héritiers par la loi; mais ensuite, sous l'influence des idées nouvelles, il imagina de l'accorder à des parents que le droit civil avait laissés de côté. La possession des biens devint une espèce de droit héréditaire distinct et à part, une sorte de succession dont l'ordre et les conditions étaient réglés par l'édit du préteur. On appela *possessio unde liberi* celle qui fut ainsi accordée aux enfants sortis de la famille, comme s'ils avaient été sous la puissance de l'ascendant à l'époque de sa mort, *perinde ac si in potestate parentis tempore mortis fuissent* (Inst. L. III, 1, 1, § 9). Les enfants émancipés étaient de ce nombre; et, dès lors, il ne pouvait plus évidemment être question de représentation pour les enfants qu'ils avaient laissés sous la puissance du père de famille. Mais à côté de l'innovation heureuse se trouvait toujours le principe de la loi des Douze Tables, qui n'était pas pour cela abrogé, et dont on ne pouvait pas ne pas tenir compte. Bien que l'émancipé vînt à la succession de son père, ses enfants n'en continuaient pas moins à être héritiers siens. Le préteur n'avait plus le courage d'être conséquent avec la loi ancienne, et il n'avait pas davantage celui d'être conséquent avec lui-même : de là naissaient des compromis arbitraires et étranges. Nous en avons ici un exemple. Le préteur décida que l'enfant émancipé prendrait la moitié de la succession, et les petits-enfants, héritiers siens, l'autre moitié. Ce système paraissait fort équitable : *hoc æquissimum est*, dit Ulpien, *ut neque emancipatus solus veniat et excludat nepotes in potestate manentes; neque nepotes jure potestatis objiciantur patri suo* (D. 37, 8, 1. § 1). Et cet état de choses dura, en effet, tant que fut en vigueur le système de successions si peu conforme à la nature, qui devait enfin faire place à celui qu'établirent les Novelles des Justinien.

L'argument que l'on tire du titre *de conjungendis cum emancipato liberis* ne prouve donc pas qu'avant les modifications apportées par le droit prétorien, la représentation n'existât pas pour les enfants du fils émancipé ; il prouve seulement que, même à l'époque où le fils émancipé put venir à la succession de son père, et où il ne pouvait plus être question, par conséquent, de représentation pour ses enfants, ceux-ci néanmoins, s'ils étaient nés avant l'émancipation, conservaient, par l'effet d'une théorie spéciale, un droit à la succession de leur aïeul.

CHAPITRE II.

DROIT PRÉTORIEN ET CONSTITUTIONS IMPÉRIALES ANTÉRIEURES AUX NOVELLES.

Si le principe de la représentation remonte aux origines mêmes de la législation romaine, il était d'abord peu développé, et, ainsi que nous venons de le voir, cette institution était fort imparfaite. Cela tenait à l'imperfection même de la loi sur les successions, le progrès et le développement de l'une étant liés au progrès et au développement de l'autre. La représentation, en effet, ne peut être admise qu'au profit de ceux qui peuvent être héritiers d'après la loi ; à mesure que le nombre des héritiers présomptifs a été accru, le nombre de ceux qui pouvaient venir à une succession par représentation l'a été également. Après s'être appliquée seulement aux petits-enfants nés des fils, qui étaient sous la puissance du père de famille, ce droit s'est étendu successivement aux enfants du fils émancipé, nés depuis l'émancipation, puis aux petits-enfants par les filles, pour atteindre enfin sous Justinien un développement qui ne laisse presque plus rien à désirer.

Nous disons qu'il s'étendit d'abord aux petits-enfants nés du fils émancipé, après l'émancipation. Ces enfants, en effet, comme leur père, n'étaient point sous la puissance de leur aïeul, et par conséquent ne pouvaient venir à sa succession. Mais nous avons vu que le préteur, *naturali æquitate motus* (Inst. L. III, T. I, § 9), donna la possession de biens à l'enfant émancipé qui concourait ainsi avec ses frères et sœurs héritiers siens. Par une conséquence naturelle, il donna les mêmes droits aux enfants nés depuis l'émancipation, en cas de prédécès de leur père (D. L. XXXVIII, T. V. L. 5, § 1).

Quant aux enfants donnés en adoption, ou ceux qui, émancipés, s'étaient donnés en adrogation, ils n'étaient point admis, ni par le droit civil, ni par le droit prétorien, aux biens de leur père naturel, si, à sa mort, ils étaient encore dans leur famille adoptive (Inst. L. III, T. I, § 10). Il ne peut donc pas être question de représentation pour leurs descendants. Ces enfants, en effet, diffèrent des enfants purement émancipés en ce que non-seulement ils sont sortis de la puissance et de la famille de leur père, mais de plus ils sont entrés sous la puissance et dans la famille d'un tiers sur la succession duquel ils ont acquis des droits d'héritiers siens, en compensation de ceux qu'ils ont perdus dans leur famille naturelle. C'est cette différence de situation qui a motivé la différence des dispositions du droit prétorien à leur égard (Ortolan, *Explic. hist. des Inst.*, n° 1009).

S'ils sont émancipés par leur père adoptif, ils perdent tout droit à sa succession. Ni eux, ni, par conséquent, leurs enfants, ne reçoivent du préteur, comme les émancipés naturels, la *possessio unde liberi*, et cela se conçoit. Comme il est dit aux Institutes, en effet, les enfants naturels, parce qu'ils cessent d'être héritiers siens, ne cessent pas pour cela d'être fils, filles, petits-fils ou petites-filles ; les enfants adoptifs, au contraire, une fois émancipés, sont étrangers, parce que leur titre de fils ou de filles qu'ils ne tiennent que de l'adoption, institution civile, une autre institution civile, l'émancipation, le leur enlève (L. III, T. I, § 11).

Mais l'enfant émancipé par son père adoptif est admis aux biens de son père naturel comme si, émancipé par lui, il n'avait jamais passé dans une famille adoptive (Inst. L. III, T. I, § 10) : le principe de la représentation reprend donc son empire. Mais il faut pour cela que l'émancipation ait eu lieu du vivant du père naturel. Si, au contraire, l'enfant n'a été émancipé qu'après la mort de son père naturel, il n'a pas plus de droit à la succession de celui-ci qu'un descendant qui aurait été conçu et qui serait né après la mort du défunt. Il ne devait pas dépendre, du reste, de la volonté du père adoptif, en émancipant après la mort du père naturel, de changer l'ordre de la succession de ce dernier (Inst. L. III, T. I, § 10).

Mais de ces diverses considérations, il résultait une situation fâcheuse pour les enfants qui, après avoir perdu tout droit à l'hérédité de leur père adoptif, se voyaient également repoussés de la succession de leur père naturel. Une Constitution de Justinien, datée de l'an 530, vint porter remède à cet inconvénient. D'après cette Constitution, bien que l'enfant ait un droit de succession, mais seulement de succession *ab intestat*, sur les biens de son père adoptif, il n'est cependant pas sous la puissance de celui-ci, et il reste dans la famille de son père naturel où il conserve tous ses droits, que ses enfants peuvent exercer en cas de prédécès (Inst. L. I, T. XI, § 2 ; C. L. VIII. T. 48, Const. 10). Mais ceci n'a lieu qu'autant que l'enfant est donné en adoption à une personne autre qu'un ascendant. Si le père adoptif est un ascendant, en effet, comme il est déjà uni à l'adopté par les liens du sang, on n'a pas à craindre qu'il l'émancipe sans motif et le dépouille de son hérédité (C. *eod. tit.* L. 10).

Le droit prétorien, par les décisions que nous venons de voir, avait adouci la rigueur du droit civil à l'égard des enfants émancipés et de ceux donnés en adoption ; mais il n'avait rien fait pour les descendants des filles. Ce fut une Constitution des empereurs Valentinien, Théodose et Arcadius, qui, en 389, étendit jusqu'à eux le bénéfice de la représentation. D'après le droit civil, les enfants et descendants des filles ne pouvaient pas venir à la succession de leur aïeul, et d'après le droit prétorien ils ne pouvaient venir qu'en dernier lieu, en qualité de cognats. Les empereurs, disent les Institutes, ne souffrirent pas qu'une telle violation du droit naturel restât sans correction convenable, et puisque le titre de petits-enfants ou arrière-petits-enfants s'applique aux descendants par les femmes comme aux descendants par les hommes, ils leur attribuèrent le même degré et le même ordre de succession (Inst. L. III, T. I, § 15). Ils pouvaient donc représenter leur mère et prendre dans la succession la part qu'elle y aurait prise elle-même. Mais les traditions de l'ancien droit étaient encore trop fortes pour que le législateur crût devoir rompre entièrement avec elles ; et, tout en accordant le bénéfice de la représentation aux descendants des filles, il pensa que leur part devait subir quelque diminution, afin, disent les Institutes, de laisser quelque chose de plus à ceux qui ont en leur faveur non-seulement le suffrage de la nature, mais encore celui de l'ancien droit (L. III, T. I, § 15). En conséquence, lorsque les petits-enfants nés d'une fille se trouvaient en concours avec des enfants du premier degré, ils prenaient un tiers de moins que leur portion virile; et s'ils se trouvaient les seuls héritiers en ligne directe, ils étaient tenus d'abandonner un quart de la succession aux agnats collatéraux (Inst. L. III, T. I, 15. — *Cod. Theod.* L. V, T. I, c. 4).

Justinien ordonna que tant qu'il survivrait des petits-enfants issus d'une fille ou d'une petite-fille, les agnats n'auraient à réclamer aucune part de la succession, les parents de la ligne collatérale ne devant pas être préférés aux descendants directs (C. L. VI, T. LV, c. 12.—Inst. L. III, T. I, § 16); mais s'il abrogea cette seconde restriction, il laissa subsister la première dans son Code (*cod. tit.*, c. 9).

Ainsi, jusque-là, le droit de représentation était imparfait pour la ligne directe. De plus, on n'en trouve pas de trace pour la ligne collatérale. Le droit civil n'appelait à une succession les collatéraux même les plus proches qu'autant qu'ils étaient unis au défunt par l'agnation, lien civil dont l'origine était la puissance paternelle; et parmi les collatéraux qu'il appelait ainsi, le plus proche excluait toujours les plus éloignés, *ad agnatum proximum pertinet hereditas* (Inst. 3, 2, pr.); le frère venait à l'exclusion du neveu (*cod. tit.*, § 5). Le préteur, qui classa parmi les héritiers siens des personnes qui, en réalité, ne jouissaient pas de cette qualit, n'introduisit aucun parent au nombre des agnats. Les collatéraux qui n'étaient pas sous la puisance du père de famille, les émancipés, les adoptés, les utérins, leurs descendants par conséquent, et les descendants des sœurs même consanguines, ne pouvaient venir à la succession de leur frère ou sœur, de leur oncle ou tante qu'en troisième ordre, en qualité de cognats. On peut donner pour raison de ces dispositions du préteur, que l'ordre des agnats étant à ses yeux purement civil et contraire au lien de la nature, il n'avait pas voulu l'alimenter ; mais qu'il conservait au contraire toutes les causes qui le faisaient déchoir, afin d'appeler immédiatement à sa place son ordre des agnats, dans lequel il n'avait égard qu'aux liens et aux degrés de la parenté naturelle (Ortolan, *Explic. hist. des Inst.*, n° 1022).

Quoi qu'il en soit, les collatéraux que nous venons d'énumérer, malgré toute la faveur qu'ils inspirent, restèrent sous la rigueur du droit civil, qui fut même augmentée pour les femmes : alors même qu'elles étaient sous la puissance, et par conséquent agnates, elles ne pouvaient venir à la succession d'un collatéral qu'en qualité de sœurs consanguines (Inst. 3, 2, § 3).

Il faut aller jusqu'à l'empereur Anastase pour trouver une première modification à cet état de choses. Cet empereur, en 498, par une Constitution qui est rappelée au Code de Justinien (5, 30, 4) et aux Institutes (3, 5 § 1), appela à la succession fraternelle les frères et sœurs émancipés, en concours avec les frères et sœurs agnats, comme si l'émancipation ne les avait pas fait sortir de la famille; avec une certaine diminution toutefois, diminution qui est confirmée par les Institutes (3, 5 § 1). D'après Théophile, elle était telle que le frère agnat devait avoir le double du frère émancipé. Mais elle fut supprimée par une Constitution postérieure (Cod. 6, 58, *de legit. hered.*, 15, § 1).

Justinien apporta bien d'autres adoucissements au sort des collatéraux que le droit civil repoussait d'une manière absolue et que le préteur lui-même n'admettait qu'en troisième ordre.

D'abord, par une Constitution de 528, il appela les frères et sœurs utérins à la succession fraternelle, comme s'ils étaient agnats, en concours avec les frères et sœurs consanguins (Cod. 6, 56, *ad senatus-consult. Tertullianum*, 7).

Nous avons déjà vu qu'à partir de 530 (Cod. 8, 58, *de adoptionibus*, 10), les enfants donnés en adoption conservèrent leurs droits de famille, et par conséquent leurs droits sur la succession fraternelle.

Par une Constitution de 532, il appela à la succession de leur oncle ou tante les enfants des sœurs consanguines, également ceux des frères et sœurs utérins, mais seulement les enfants au premier degré, et non *deinceps personæ una cum his ad jura avunculi perveniant* (Cod. 6, 58, *de legit. hered.*, 14, § 1.— Inst. 3, 2, § 4).

Et enfin, en 534, il accorda les mêmes droits aux enfants également au premier degré, des frères ou sœurs émancipés (Cod. *eod. tit.* C. 15, § 3).

Mais au milieu de ces modifications successives, soit que les collatéraux ne vinssent qu'en troisième ordre comme cognats, à défaut d'agnats, soit qu'ils vinssent en second ordre comme agnats ou mis au rang des agnats, toujours le principe de l'ancien droit était conservé : les neveux et nièces du défunt étaient exclus par les frères et sœurs; et entre neveux et nièces, le partage se faisait non par souches, mais par têtes, parce qu'ils venaient de leur propre chef, nullement par représentation de leur père ou de leur mère (Ulpien, *Reg.* 26, 4. — Inst. 3, 2, § 4, et tit. 7, § 12).

C'est seulement en 544 que Justinien se décida enfin à rompre complétement avec le passé, et à établir un système de succession fondé sur des bases entièrement différentes. Ses Novelles introduisirent, à l'égard de la ligne directe comme à l'égard de la ligne collatérale, un nouvel ordre de succession, dans lequel le droit de représentation, créé pour celle-ci et perfectionné pour celle-là, produit des effets très-importants.

CHAPITRE III.

NOVELLES 118 ET 127.

Voici en peu de mots les principes de cette loi nouvelle fondée principalement sur l'ordre de la nature et sur les affections présumées du défunt, et qui a servi de base au système adopté par le Code Napoléon.

Supprimant l'ancienne différence entre les agnats et les cognats, la Novelle 118 ne reconnaît qu'une seule espèce de parenté, la parenté naturelle. Tous les héritiers *ab intestat* sont rangés en trois ordres : les descendants, les ascendants et les collatéraux (*Præf.*).

Chacun de ces ordres est exclusif des deux autres :

les descendants d'abord, les ascendants ensuite, et enfin les collatéraux. Dans chaque ordre, l'héritier le plus proche exclut le plus éloigné; s'il y a plusieurs héritiers au degré le plus proche, ils concourent ensemble, et entre plusieurs héritiers appelés, le partage se fait par têtes (Ch. I, II et III).

Tels sont les principes généraux: mais il y a plusieurs exceptions.

Ainsi certains collatéraux, les frères et sœurs germains, *ex eodem patre et ex eadem matre nati*, sont admis à concourir avec les ascendants. De plus, ils excluent les frères et sœurs consanguins ou utérins qui sont cependant, comme eux, au deuxième degré (Ch. II et III): c'est là ce qu'on appelle le *privilège du double lien*, innovation importante. Dans l'ancien droit, on ne distinguait pas les consanguins des germains: les uns et les autres, confondus sous le nom de consanguins et rangés parmi les agnats, étaient opposés aux utérins, qui se trouvaient parmi les cognats. Peu importait, en effet, que des frères eussent la même mère ou des mères différentes, pourvu qu'ils eussent le même père: le père était tout, la mère rien.

Une autre exception résulte du principe de la représentation, qui déroge aux règles de la proximité du degré et du partage par têtes.

La représentation a lieu à l'infini pour les descendants. S'il y a, dit le ch. I de la Novelle, des fils, filles ou autres descendants d'un enfant prédécédé, ils prendront dans la succession de l'ascendant la place que leur auteur occuperait s'il était vivant; ils succéderont à leur aïeul concurremment avec les fils ou filles de celui-ci, et le partage se fera par souche. Les enfants des filles ne seront plus soumis, comme auparavant, à la réduction du tiers. Après avoir dit, en effet, que les descendants doivent prendre la part qu'aurait obtenue l'enfant dont ils descendent; *tantam accipiant partem quantam eorum parens si viveret habuisset*, le texte ajoute un peu plus loin, en répétant, du reste, les premiers mots du chapitre : Il ne doit y avoir aucune différence entre les descendants par les hommes et les descendants par les femmes ; *nulla introducenda differentia seu ex masculorum sexu seu ex feminarum prole descendant.*

Dans le cas même où tous les enfants au premier degré sont morts et qu'il ne reste plus que des petits-enfants, ceux-ci n'en viennent pas moins par représentation à l'effet de partager par souche et non par tête : *si ex duobus filiis nepotes neptesve exstant*, disent en effet les Institutes, *ex altero unus forte aut duo, ex altero tres aut quatuor, ad unum aut duos dimidia pars pertinet, ad tres vel quatuor altera dimidia* (L. III, tit. I, § 6 *in fine*) ; et encore : *ut quemadmodum inter filios et nepotes ex filio antiquitas statuit non capita sed in stirpes dividi hæreditatem, similiter nos inter filios et nepotes ex filia distributionem fieri jubemus, vel inter omnes nepotes et neptes et alias deinceps personas* (*eod. tit.* § 16). La loi 2 au Code, *de suis et legitimis liberis* (VI, 25), n'est pas moins explicite ; *nepotes ex diversis filiis varii numeri avo succedentes ab intestato non pro virilibus portionibus sed ex stirpibus succedunt.* Et nous ne voyons rien, dans la Novelle 118, qui vienne contredire ces textes; tout au contraire, ses dispositions sont très-générales et embrassent tous les cas, celui où des petits-enfants de souches différentes viennent seuls, comme celui où ils sont en concours avec des oncles ou tantes : *si quem descendentium filios relinquentem mori contigerit, illius filios aut filias, aut alios descendentes in proprii parentis locum succedere... tantam de hæreditate morientis accipientes partem, quanticumque sint, quantum eorum parens si viveret habuisset ; quam successionem in stirpes vocavit antiquitas* (ch. I).

Toutefois, nous verrons plus loin que, malgré ces preuves nombreuses et décisives, la question n'a pas laissé que d'être controversée.

Quant aux ascendants, il n'y a point de représentation à leur égard : le père exclut l'aïeul, celui-ci le bisaïeul et ainsi de suite ; et cela est juste. Il serait contre l'ordre de la nature, dit Ricard, qu'un ascendant représentât son inférieur (*Traité de la représ.*, ch. VIII, § 64). Cependant, nous voyons, au ch. II de la Novelle, que, dans certains cas, les ascendants partagent par souche. Mais s'il est vrai de dire qu'il y a bien là, quant au résultat, une sorte de représentation, ce n'est en réalité, comme le dit Lebrun (*Traité des succ.*, L. III, ch. V, sect. II, n° 6), qu'une *fausse représentation*, puisque des deux effets ordinaires de cette institution, le premier d'empêcher l'exclusion par le plus proche en degré, le second de produire le partage par souche, il est certain qu'elle n'en produit qu'un, le partage par souche, et qu'il lui manque le principal, le concours du parent plus éloigné avec le plus proche en degré. Le partage par souche pour les ascendants est, en effet, limité au cas où ils se trouvent tous au même degré : *Si eumdem habeant gradum, ex æquo inter eos hæreditas dividatur ; ut medietatem quidem accipiant omnes a patre ascendentes quanticumque fuerint, medietatem vero reliquam a matre ascendentes, quantoscumque eos inveniri contigerit.*

Il est difficile d'expliquer cette disposition qui, suivant l'expression de Guyné (*Traité de la représ.*, p. 165), est exceptionnelle et irrégulière dans le système des Novelles. Et si l'on dit que les ascendants qui se trouvent en égal degré doivent partager par moitié, parce qu'une ligne est aussi importante que l'autre et n'a pas plus de droits qu'elle (Lebrun, *loc. cit.*, § 7), on arrive forcément à cette conséquence que, dans tous les cas, que les ascendants soient au même degré ou à des degrés inégaux, la succession doit se partager également entre les deux lignes. Et ce n'est que dans chaque ligne que le plus proche doit exclure le plus éloigné, ainsi que cela est pratiqué, du reste, dans le droit français.

Le chapitre III de la Novelle 118 introduit la représentation en ligne collatérale; « mais, dit Lebrun (III, v, sect. 3, n° 1), pour les bornes que Justinien a données à ce nouveau genre de représentation, il n'y a rien de bien certain »; et à côté de quelques règles claires et précises, on rencontre bien des obscurités.

De l'examen du texte, il résulte que la représentation en ligne collatérale, loin d'avoir comme en ligne directe descendante, une étendue indéfinie, est restreinte, au contraire, aux enfants au premier degré des frères et sœurs. Aucun autre collatéral ne peut en bénéficier, pas même le petit-neveu; les termes de la Novelle ne souffrent pas la moindre extension : *Hujus modi vero privilegium in hoc ordine cognationis solis præbemus fratrum masculorum et feminarum filiis aut filiabus, ut in suorum parentum jura succedant; nulli enim alii omnino personæ ex hoc ordine venienti hoc jus largimur* (ch. III, pr.)... *Si vero neque fratres neque filios fratrum defunctus reliquerit, deinceps a latere cognatos ad hæreditatem vocamus secundum uniuscujusque gradus prærogativam* (*loc. cit.*, § 1).

Mais, même dans cette limite, elle n'est admise sans controverse que pour certains cas déterminés.

Et d'abord, pour faire succéder les neveux et nièces en concours avec les frères ou sœurs du *de cujus* : *si defuncto fratres fuerint, et alterius fratris aut sororis præmortuorum filii, vocabuntur ad hæreditatem isti cum de patre et matre thiis masculis et feminis* (ch. III, pr.); et le partage se fera par souche : *quanticumque fuerint, tantam ex hæreditate percipient portionem quantam eorum parens futurus esset accipere si superstes esset.*

Et non-seulement les neveux et nièces viendront en concours avec leurs oncles ou tantes, mais encore, dans certains cas, ils les excluront, bien qu'ils ne soient qu'au troisième degré. Nous avons vu, en effet, que le frère ou la sœur germain succédait à l'exclusion des frères consanguins ou utérins. Or, les enfants, par l'effet de la représentation, entrent au lieu et place de leur père ou mère, et exercent dans la succession du défunt les mêmes droits que leur père ou mère aurait exercés. La Novelle même contient sur ce point une disposition spéciale, bien que cela ne fût guère nécessaire : *Si forte præmortuus frater cujus filii vivunt, per utrumque parentem nunc defunctæ personæ jungebatur, superstites autem fratres per patrem solum forsan aut matrem ei jungebantur, præponantur istius filii propriis thiis, licet in tertio sint gradu* (*sive a patre sive a matre sint filii, et sive mascul. sive feminæ) sicut eorum parens præponeretur si viveret* (ch. III).

Par la même raison, si le frère survivant est germain, les neveux ou nièces nés d'un frère consanguin ou utérin prédécédé seront exclus par leur oncle qui aurait exclu leur père s'il eût vécu.

Mais les frères ou sœurs germains n'avaient pas seulement le privilége d'exclure les frères consanguins ou utérins ; ils avaient aussi celui de venir à la succession en concours avec les ascendants, par exception à la règle établie pour la vocation des différents ordres d'héritiers. Toutefois, par une anomalie bizarre, la Novelle 118 n'accordait aux enfants des frères ou sœurs germains le droit de représenter leur père ou leur mère qu'autant qu'ils se trouvaient en concours avec des oncles ou tantes seulement. Si le défunt laissait des ascendants, des frères ou sœurs germains et des neveux ou nièces nés de frères ou sœurs germains prédécédés, la succession se partageait entre les ascendants et les frères ou sœurs germains, à l'exclusion des neveux ou nièces (ch. III).

Mais Justinien nous apprend lui-même, dans la préface de la Novelle 127, qu'il ne craignait pas de corriger ses propres lois toutes les fois que l'intérêt de ses sujets le demandait.

Par cette Novelle, il décida que les enfants des frères ou sœurs germains obtiendraient désormais, dans tous les cas, la part qu'aurait obtenue leur père, s'il eût vécu ; et qu'ils auraient le même rang, soit qu'ils fussent en concours avec des frères ou sœurs du défunt, soit qu'ils vinssent en même temps avec des frères ou sœurs et des ascendants : *ordinem, quando cum solis vocantur fratribus, eumdem eos habere jubemus, et quando cum fratribus vocantur aliqui ascendentium ad hæreditatem* (Nov. 127, ch. 1).

Seulement, la correction est incomplète. La Novelle 127, qui permet aux neveux et nièces de concourir avec les frères ou sœurs germains, alors même qu'avec ceux-ci il y a des ascendants, ne prévoit pas le cas où le défunt n'a laissé ni frères ni sœurs germains, mais seulement des ascendants et des neveux ou nièces nés de frères ou sœurs germains prédécédés. Les neveux ou nièces doivent-ils prendre, comme dans le premier cas, la part qu'aurait eue leur père ou leur mère ? Cela semble assez juste et naturel. Cette manière de voir n'a pourtant pas été adoptée par tous les jurisconsultes. Cujas et Borcholten ont soutenu que les ascendants étant plus proches que les neveux, du moment qu'il n'y avait pas de texte qui autorisât formellement ceux-ci à concourir avec ceux-là, dans l'hypothèse dont il s'agit, la proximité devait l'emporter. D'après Rutherusius et Someren, au contraire, les neveux doivent être admis en concours avec les ascendants ; et Guyné paraît embrasser leur opinion. « Il semble », dit-il, « que la Nov. 127 ayant accordé aux neveux la concurrence avec leurs oncles pour venir à la succession avec les ascendants, il n'y a pas de raison pertinente pour les en exclure, lorsque leurs oncles ou tantes sont décédés (*Traité de la représ.*). »

Oui, il n'y a pas de raison pour les en exclure, et ils doivent prendre la part qui serait revenue à leur père ou mère ; mais quelle sera cette part ? Justinien ne s'en explique que pour une seule hypothèse. Lorsque, dit le ch. II de la Nov. 118, des ascendants se trouveront en concours avec des frères ou sœurs germains, et nous devons ajouter avec la Nov. 127 : ou avec des descendants de frères ou sœurs germains, si ces ascendants sont le père et la mère du défunt, la succession se partagera entre eux de façon que chacun des frères, sœurs, père et mère ait une portion égale. Mais il n'est pas parlé du cas où les ascendants sont autres que le père et la mère du défunt. Que décider, par exemple, si le *de cujus* a laissé un frère germain ou des descendants de ce frère germain, son aïeul paternel, et ses aïeul et aïeule maternels ? La succession se divisera-t-elle par tête, de sorte que les quatre héritiers aient chacun un quart ; ou bien, décidant que le frère doit avoir autant que chaque ligne d'ascendants, lui donnera-t-on un tiers de la succession, à l'aïeul paternel un autre tiers, et le troisième aux aïeuls maternels qui se le partageront entre eux ? Le partage par tête paraît plus conforme à la lettre de la Novelle.

La représentation doit être également admise pour faire succéder les neveux ou nièces à l'exclusion des oncles ou tantes du défunt : car, bien qu'ils soient tous en réalité au même degré, au troisième, les neveux et nièces, en prenant la place de leur père ou mère, se trouvent plus rapprochés d'un degré, et doivent, par conséquent, exclure tous les collatéraux qui n'ont pas, comme eux, le bénéfice de la représentation.

Cela paraît bien résulter du texte même de la

Novelle : *Quandoquidem igitur fratris et sororis filiis tale privilegium dedimus, ut in propriorum parentum succedentes locum, soli in tertio constituti gradu cum iis qui in secundo gradu sunt, ad hæreditatem vocentur, illud palam est quia thiis defuncti masculis et feminis, sive a patre sive a matre, præponuntur, si etiam illi tertium cognationis similiter obtineant gradum* (ch. III, pr.).

Cette disposition est assez claire, en effet, et l'Authentique *Post fratres*[1], qui en a été extraite, en représente le sens d'une manière qui l'éclaircit encore davantage : *Post fratres ex utroque parente et eorum filios admittuntur ex uno latere fratres sororesve, cum quibus et filii eorum, si qui ex eis jam decesserint.*

Hi autem cum pares sint defuncti fratribus, præferuntur procul dubio ejusdem defuncti patruis et aliis similibus; et in his successionibus omnino cessat sexus et agnationis ratio (Cod. 6, 8, *de legit. hered.* 3).

Ludovicus Romanus est, suivant Guyné, le premier qui ait élevé des difficultés sur ces textes. Ce jurisconsulte prétend que la préférence accordée aux neveux sur les oncles n'a lieu que lorsque le défunt a laissé des frères et des neveux. Dans ce cas, dit-il, les neveux venant à la succession avec les frères,

1. On désigne sous le nom d'*Authentiques* les résumés que l'école italienne des *glossateurs*, au XII° siècle, fit des Novelles, pour en faciliter l'usage, et qu'elle intercala dans le Code, et même dans les Institutes, sous les dispositions que ces Novelles avaient eu pour objet de modifier ou d'abolir.

Ces résumés furent appelés *Authenticæ*, parce qu'ils furent faits sur les Novelles dont la collection avait reçu des glossateurs le nom de *corpus authenticum*, par opposition à l'*epitome Novellarum*.

excluent les oncles du défunt, parce que la représentation, qui les fait concourir avec les frères, les place au second degré. Guy Coquille, sur la Coutume de Nivernais, répète à peu près la même chose; et Lebrun a adopté aussi ce sentiment : il ne nie pas que, dans l'Authentique *Post fratres*, l'oncle ne soit expressément exclu par le neveu; mais pour lui, la question est précisément de savoir si Irnérius, qui a tiré l'Authentique de la Nov. 118, est bien entré dans le sens de cette Novelle, auquel il faut surtout s'attacher. Or de l'examen du texte il ressort, dit-il, que les neveux ne peuvent être préférés à leurs grands-oncles que si, par l'effet du concours avec leurs oncles, ils avancent d'un degré; mais si le défunt n'a laissé que des oncles et des neveux, puisque ceux-ci ne sont pas plus éloignés que ceux-là, ils n'ont pas besoin, pour venir à la succession, du secours de la représentation; ils restent donc à leur degré, et le partage doit se faire par tête (L. III, ch. v, sect. III, nº 6).

Il est facile de voir que l'opinion de ces trois auteurs n'est guère fondée. Et d'abord, bien qu'on ne puisse pas tirer un argument très-concluant des Authentiques des glossateurs, parce qu'elles n'ont de valeur que celle qu'elles puisent dans les Novelles dont on ne peut, par conséquent, les séparer, la manière dont est rédigée l'Authentique *Post fratres* ne laisse pas de former une induction considérable; et il ne suffit pas pour la détruire d'avancer qu'Irnérius n'a pas bien pénétré le sens de la Novelle 118; il faudrait prouver clairement que la disposition de la Novelle à cet endroit doit être indubitablement entendue d'une autre façon. Or, c'est ce que ne fait pas Lebrun, qui se contente de jeter sur le texte quelque légère obscurité.

Jusque-là, il y a tout lieu de croire, au contraire, que le sens donné à la Novelle par les glossateurs est bien le véritable, qu'ils avaient d'autant plus facilement conservé que la législation de Justinien n'avait pas cessé d'être en vigueur en Italie, ainsi que l'attestent divers monuments législatifs promulgués dans cette contrée, du sixième siècle au douzième.

De plus, bien que l'interprétation de Romanus, de Coquille et de Lebrun puisse à la rigueur s'adapter aux termes de la Novelle, elle pèche néanmoins dans la partie la plus essentielle. Si on la concevait de cette manière, en effet, la disposition de Justinien serait superflue. Ces auteurs prétendent que les oncles ne sont exclus par les neveux qu'autant que ceux-ci viennent à la succession avec des frères ou sœurs du défunt. Mais dans ce cas, alors même que la Novelle n'y aurait point pourvu, l'exclusion des oncles du défunt n'en serait pas moins certaine ; ils seraient repoussés par les frères ou sœurs, qui viendraient de leur chef à un degré plus rapproché que le leur. Or, on ne peut pas raisonnablement supposer que Justinien ait voulu insérer dans sa Novelle une disposition superflue.

Et que l'on ne dise pas, comme l'a avancé Guy Coquille, que le texte latin qui habituellement est le seul invoqué, n'est pas la reproduction fidèle du texte grec, car il est facile de se convaincre du contraire par la comparaison des deux textes (V. notamment le *Manuale juris synopticum* de M. Pellat) : comparaison, du reste, qui a été faite, dès 1660, par Jacques Chollet, dans un *Traité d'entre le neveu et l'oncle sur la succession des propres*, où cet auteur prouve par la discussion exacte du texte grec et par la conférence des différentes éditions qui en ont été faites, que le sens de la Novelle est fidèlement et littéralement rendu dans la version latine.

Telle était, du reste, l'opinion de la plupart des anciens interprètes et des plus savants jurisconsultes. Ainsi Bartole, en expliquant le texte dont il s'agit, dit ceci : *Hic expresse habes quod quando nulli supersunt patrui qui sint fratres defuncti, tunc filii fratrem succedunt in locum patrum suorum, et præferuntur patruis defuncti qui sunt in tertio gradu.*

Cujas tient le même langage en ses Commentaires sur le Code, au titre *de legitimis heredibus* : *Notandum etiam est alia in re filios repræsentare patres suos, nimirum ut excludant patruos magnos, id est, patruos patris sui vel avunculos, licet sint in tertio gradu.*

Tel fut aussi l'avis de Dumoulin. La Coutume de Laon disait : *En ligne collatérale, la représentation a lieu jusqu'aux enfants des frères et sœurs inclusivement, suivant la raison écrite.* Ces derniers mots *suivant la raison écrite* ont donné lieu, dit Lebrun (*loc. cit.*, n° 5), à une note de Dumoulin ainsi conçue : « Et partant les neveux collatéraux du défunt *ex fratre vel sorore germanis*, excluent les oncles et les tantes du défunt, nonobstant qu'ils soient *in pari gradu.* »

Enfin, l'usage des pays où le droit romain était en vigueur confirme encore cette opinion : « Dans les pays de droit écrit, dit le président Espiard en ses *Observations sur Lebrun* (*loc. cit.*, § 12), le neveu est préféré à l'oncle dans la succession du défunt..... Quoique dans ces pays la maxime passe pour certaine, la question n'en a pas moins été débattue devant le parlement de Toulouse, mais elle fut décidée en faveur du neveu contre l'oncle. On trouve dans le *Répertoire* de Guyot beaucoup d'autres arrêts rendus dans le même sens (V° *Représent.*, Ire part., § 2).

Ce n'a pas été une question moins débattue que celle de savoir si le droit pour les neveux ou nièces de venir par représentation n'était pas borné au cas où il leur était nécessaire pour succéder, soit seuls, soit en concours avec d'autres, de monter à un degré plus proche que le leur; si, par conséquent, lorsque les neveux et nièces se trouvaient seuls, en égal degré, le partage ne devait pas alors se faire par tête, encore bien qu'ils fussent issus, en nombre différent, de plusieurs frères ou sœurs du *de cujus*. « Ce fut là, dit Guyné (p. 169), une question fameuse entre Azon et Accurse ».

Azon disait qu'il n'y avait pas lieu, dans ce cas, à représentation, et que par conséquent le partage devait se faire par tête; Accurse, son élève, s'était séparé sur ce point de la doctrine du maître et soutenait qu'alors même que la représentation était inutile pour venir à la succession, elle n'en devait pas moins être admise non seulement en ligne directe, mais aussi en ligne collatérale, à l'effet d'amener le partage par souche.

L'opinion d'Accurse eut d'illustres défenseurs: Balde, un autre disciple d'Azon, Bartole, Lecomte, sur l'authentique *cessante* (Cod. 6, 58, *de legit. hered.*, 1), et Dumoulin lui-même, sur l'art. 3 du titre 12 de la Coutume d'Auvergne, l'ont reproduite et adoptée. Mais elle fut ensuite entièrement abandonnée. « Cette question ne reçoit plus de difficulté en France, dit Ricard, et ce serait proposer un paradoxe que de soutenir l'opinion d'Accurse » (*Traité de la Représent.*, ch. VII, n° 52).

On en revint donc à l'opinion d'Azon. Elle fut admise unanimement par les auteurs et par la jurisprudence qui la consacra même par un arrêt de règlement, en l'année 1526. C'est celle qu'enseignent Lebrun et Pothier (Pothier, *Traité des succ.*, ch. II, sect. III, art. 1, § 1. — Lebrun, L. III, ch. V, sect. II, n° 25 et L. I ch. VI, sect. IV, n° 2).

Les textes sur lesquels elle s'appuie, en effet, sont formels ; *hæreditas proximo adgnato, id est, ei quem nemo antecedit, defertur : et, si plures sint ejusdem gradus, omnibus in capita scilicet ; utputa duos fratres habui, vel duos patruos ; unus ex his unum filium, alius duos reliquit : hæreditas mea in tres partes dividetur...* dit la L. 2, § 2, D., *de suis et legit. hered.* (XXXVIII, 16).

De cette disposition et du § 4 aux Institutes, *de legit. agnat. succ.*, il résulte qu'en succession collatérale, l'hérédité ne se partage pas par souche, mais par tête. Le droit nouveau introduit par les Novelles déroge, il est vrai, à ce principe ; mais précisément parce que c'est une dérogation, on ne peut pas étendre au delà des hypothèses qu'elle a prévues le droit pour les neveux de venir par représentation ; et, nous l'avons vu, ce droit ne leur est accordé que dans trois cas : premièrement, pour les faire venir à la succession, en concours avec leurs oncles ou tantes, ou même à l'exclusion de ceux-ci ; en second lieu, pour les faire concourir avec des frères ou sœurs germains et des ascendants du défunt, s'ils sont eux-mêmes descendants de frères ou sœurs germains prédécédés ; et enfin pour les faire succéder à l'exclusion des oncles ou tantes du défunt. Mais lorsqu'ils se trouvent seuls en égal degré, soit parce que le défunt n'a laissé ni frères ni sœurs, soit même, s'il en a laissés, parce qu'ils ont tous renoncé ; lorsque, par conséquent, ils n'ont pas besoin, pour être héritiers, du secours de la représentation, on revient forcément au principe de droit commun, et le partage se fait par tête.

L'Authentique *cessante*, qui servait de base à l'opinion d'Accurse et de ses partisans, ne peut donc pas être invoquée à bon droit, puisque, loin de renverser l'autorité des textes du Digeste et des Institutes, elle la corrobore, au contraire, en reproduisant, sans aucune modification, les dispositions des Novelles, et en ne parlant, comme celles-ci, de représentation pour les neveux que dans les cas qui viennent d'être énumérés.

Mais le glossateur Azon allait plus loin. Il soutenait, et Godefroy l'a soutenu après lui, que ce n'était pas seulement en ligne collatérale que le partage devait se faire par tête, mais aussi en ligne directe, lorsque les descendants venaient seuls, en égal degré. Cette fois, ce fut l'avis d'Accurse qui prévalut, ainsi que l'atteste Dumoulin, sur l'art. 9 du titre XII de la Coutume d'Auvergne : *semper observata fuit opinio Accursii contra Azonem quod in stirpes* ; et, en effet, l'opinion d'Azon ne peut pas se soutenir en face des textes formels que nous avons rapportés plus haut sur ce point.

Seulement, on ne voit pas trop pourquoi, dans le

même cas, la représentation a été accordée aux petits-enfants et refusée aux neveux. La raison qu'on en donne n'est pas très-satisfaisante. En ligne directe, dit-on, où elle s'étend à l'infini, cette institution a été établie non-seulement pour empêcher l'exclusion par le plus proche en degré, mais aussi pour conserver l'égalité entre les différentes lignes de la postérité du défunt. En ligne collatérale, au contraire, où elle n'est accordée qu'aux seuls neveux, elle n'a qu'un but, c'est de les faire venir à la succession dont ils auraient été sans cela exclus par les frères ou sœurs du défunt; si, par conséquent, ils peuvent venir de leur chef, il n'y a plus lieu à représentation, et le partage se fait par tête (V. Pothier, *Traité des succ.*, ch. II, sect. III, art. 1, § 1).

Mais comment, de ce que la représentation en ligne collatérale n'est admise que pour les seuls neveux, peut-on conclure qu'elle ne puisse pas avoir, en outre du but qu'on lui reconnaît, celui d'assurer intégralement aux neveux les droits qu'auraient eus les pères ou mères prédécédés? Rien ne prouve qu'à cause de cette limitation, la représentation doive être forcément bornée au cas où elle est indispensable pour empêcher l'exclusion par le plus proche en degré. Il n'y a aucune corrélation nécessaire entre ces deux idées; et il n'est pas moins certain que le législateur romain n'a entendu en établir aucune. Nous avons vu, en effet, — car, malgré la controverse dont elle a été l'objet, cette question ne laisse guère de doute, — nous avons vu que l'oncle du défunt était exclu par le neveu, parce que celui-ci se rapprochait d'un degré, par l'effet de la représentation, dont il n'avait cependant pas besoin pour ne pas être exclu.

S'il est donc bien certain, à cause des textes, que la différence entre la ligne directe et la ligne collatérale, à ce point de vue, ne peut pas être mise en doute, elle ne semble pas, du moins, très-rationnelle ; et l'on comprend la tendance d'Accurse et d'Azon à assimiler les deux cas. Accurse se trompait en soutenant que le partage par souche avait lieu même en ligne collatérale ; et, de son côté, Azon allait trop loin en le refusant à la ligne directe ; mais s'il est vrai de dire, avec Lebrun, que ces deux docteurs ont un peu décliné du droit chemin sur la matière de la représentation et du partage par souche en égal degré (L. III, ch. v, sect. II, n° 25), on ne peut s'empêcher de constater que s'ils n'étaient pas d'accord avec les textes, ils l'étaient du moins avec la logique.

Mais il fallait bien se rendre, malgré tout, à l'évidence des dispositions de la loi : aussi avons-nous vu que l'opinion de ces jurisconsultes l'emporta chacune en ce qu'elle avait de vrai ; et Accurse lui-même paraît être revenu sur son propre sentiment. Il a soutenu le partage par souche, pour les neveux en égal degré, sur le § 4 *de legit. agnat. succ.* aux Institutes, et le partage par tête sur la l. 2, § 2, D., *de suis et legit. hered.* (XXXVIII, 16). Il reste à savoir si Accurse a fini par ses Institutes ou par sa glose sur les Pandectes. Balde, qui s'est conformé à la première des deux interprétations, prétend bien qu'il a fini par les Institutes et qu'il a déposé là son opinion définitive; plusieurs autres jurisconsultes, au contraire, sont d'avis qu'il a fait ce commentaire dans sa jeunesse; et Jacobus dit même l'avoir appris de son fils François Accurse (V. Lebrun, *loc. cit.*)

Nous venons de passer en revue les différentes hypothèses prévues par les textes ou débattues par les commentateurs. Dans tous les cas où il y a lieu à représentation, soit en ligne directe, soit en ligne collatérale, c'est une règle constante que l'on ne représente pas les personnes vivantes. Celui qui vit naturellement et civilement remplit lui-même son degré, et personne ne peut venir en son lieu et place. Les Novelles, en effet, en parlant de ceux qui viennent par représentation, supposent toujours le prédécès de leur père ou mère. Ainsi au ch. I : *Si quem descendentium filios relinquentem mori contigerit*... et au ch. III : *Si autem defuncto fratres fuerint et alterius fratris aut sororis præmortuorum filii.... Si forte præmortuus frater cujus filii vivunt.*

Plusieurs textes du Digeste supposent également que la représentation ne peut se faire que d'un homme mort naturellement ou civilement : *Si qua pœna pater fuerit affectus ut vel civitatem amittat, vel servus pœnæ efficiatur, sine dubio nepos filii loco succedit*, dit la l. 7 D., *De his qui sui vel alieni juris sunt* (I, 6) ; et la même décision ressort de la l. 2, § 7, D., *de excusat* (XXVII, 1) : *Non solum autem filii remissionem tutelæ tribuunt, et filiæ, sed etiam nepotes..., auxiliantur autem tum quando patre eorum mortuo illius locum supplent avo.*

On ne peut, par conséquent, représenter une personne qui a renoncé à la succession. Aucune loi, en effet, ne décide que celui qui renonce doit passer pour mort. Il en est de même pour l'exhérédé : nous ne voyons nulle part qu'il soit atteint dans son existence civile. Mais l'exhérédé n'empêche pas les petits-enfants de venir par représentation, s'il est mort avant le *de cujus ;* car, dans ce cas-là, il n'y a pas eu, à proprement parler, exhérédation ; ce qui a été fait par le père de famille n'était qu'un projet, une manifestation de volonté pour l'avenir, qu'une volonté nouvelle aurait pu modifier.

Par les textes qui viennent d'être cités, nous voyons que l'héritier le plus proche en degré peut être réputé mort par suite d'une condamnation judiciaire, et qu'alors ses enfants le représentent dans la succession du *de cujus*. Toutefois, alors même que la condamnation enlèverait l'existence civile, si elle a été encourue pour attentat à la vie du *de cujus*, ou pour toute autre cause entraînant *l'indignité*, les enfants ne peuvent venir par représentation. Ils ne peuvent même pas, en effet, succéder de leur propre chef : car, bien que, suivant le rescrit de Marc-Aurèle et d'Ælius Vérus, rapporté au Digeste, l. 17 *de jure patronatus* (XXXVII, 14), la peine ne suive pas les enfants du coupable, on considère qu'il y a dans la condamnation pour parricide et autres crimes analogues, en outre de la peine corporelle, une cause d'indignité qui passe aux enfants. On ne veut pas qu'une personne puisse succéder par l'effet d'un crime : de sorte que les hérédités enlevées pour cause d'indignité, ne pouvant pas revenir aux personnes appelées à les recueillir à défaut de l'indigne, sont dévolues au fisc. (D., 48, 20 *de bonis damnat.* l. 7, § 4 et 49, 14 *de jure fisci*, l. 9.)

De ce que l'on ne peut représenter qu'une personne décédée, il ne faut point conclure qu'il soit nécessaire d'être héritier de celui qu'on représente. Le droit de représentation, en effet, n'a pas son fondement dans la qualité civile d'héritier, mais dans cette subrogation tout à fait naturelle des enfants au père, qui fait revivre un enfant mort dans la personne d'un fils qui lui survit. Telle était la doctrine de Bartole sur la l. 94, D, *de acquir. vel omit. hered.* (29, 2), dont voici les termes : *qui superstitis bona repudiat, post mortem ejus adire hereditatem non prohibetur.*

D'où vient cependant que Godefroy a formulé comme un principe la doctrine contraire? *Filii heredes patrem repræsentant*, dit-il; *non heredes non repræsentant.* C'est qu'en effet, il y a un cas où l'enfant ne peut représenter son père que s'il est son héritier. Mais ce cas, loin d'être une application d'un principe général, s'explique, au contraire, par des considérations tout à fait exceptionnelles. La Novelle 22 (ch. xx) attribue au veuf ou à la veuve qui ne se remarie pas la propriété de ses gains nuptiaux, tandis que la législation antérieure l'obligeait à la conserver pour les enfants (N. 98, ch. I). Le texte ajoute qu'après la mort du père ou de la mère, ces gains nuptiaux appartiennent aux enfants, et aussi, par droit de représentation, aux descendants des enfants prédécédés, pourvu qu'ils soient héritiers de leur père ou mère (ch. xxi, § 1). Cette disposition paraît d'autant plus extraordinaire que la même condition n'est pas exigée pour les enfants au premier degré qui peuvent succéder aux gains nuptiaux du père ou de la mère sans être leurs héritiers, ainsi que le décide la l. 8, § 1. C. *de secundis nuptiis* (V, 9). Mais cette différence, comme l'explique fort bien Lebrun, est, en réalité, très-rationnelle, parce que les enfants ont toujours eu sur les gains nuptiaux une espèce de propriété, du vivant même de leur père ou mère, ainsi qu'on le voit par la Nov. 98, ch. I, par la Nov. 127, ch. II, et l'Authentique *Si tamen*, l. 7, C. *de secundis nuptiis* (V, 9), qui en a été tirée. Cela ressort également du ch. XX de la Nov. 22 : *et erunt hæc eis propria*, dit le § 1, *nihil pene ab alia eorum differentia possessione*..... Presque en rien!... donc elle diffère : suivant l'opinion la plus commune, en effet, la pleine propriété dont parle cette Novelle n'est donnée à la mère que dans le cas où elle n'a point d'enfants. Dès lors on comprend que le petit-fils né d'un enfant prédécédé ne puisse succéder aux gains nuptiaux qu'autant qu'il est héritier non-seulement de son aïeul ou aïeule, mais aussi de son père ou de sa mère copropriétaire de ces biens.

Nous venons de dire que l'enfant devait être héritier de son aïeul à la succession duquel il vient par l'effet de la représentation : c'est que, en effet, s'il n'est pas nécessaire d'être héritier de celui qu'on représente, il n'en faut pas moins avoir, pour succéder par représentation, la même capacité que pour venir de son propre chef; il faut avoir la qualité d'héritier du défunt, puisque, comme dit Ricard (*Tr. de la repr.*, ch. I, n° 11), ces deux mots *succéder* et *être héritier* sont synonymes. Or, d'après les Institutes, c'est une règle générale des successions que, pour déterminer quels sont les héritiers appelés, il faut considérer leur capacité, leur qualité et leur degré, non au jour de la mort du défunt, mais au jour de l'ouverture de la succession, c'est-à-dire au moment où il est devenu certain qu'il n'y a pas d'hérédité testamentaire : *eo tempore quærendum est quo certum est aliquem sine testamento decessisse* (Inst. 3, 1 § 7 et 2 § 6). Mais il faut néanmoins que l'héritier soit né ou tout au moins conçu au jour de la mort du défunt (Inst. 3, 1 § 8. — D. 38, 16 *de suis et legit. hered.* 1 § 8 *in fine*). L'enfant conçu, en effet, est considéré comme né : *qui in utero est, perinde ac si in rebus humanis esset, custoditur, quotiens de commodis ejus agitur*, dit le jurisconsulte Paul, L. 7. D., *de statu hominum* (I, 7)[1] ; à condition toutefois qu'il naisse viable : *qui mortui nascuntur neque nati, neque procreati videntur, quia nunquam liberi appellari potuerint* (D., 50, 16, de V. S., 129). Mais s'il n'est même pas conçu au moment de la mort du défunt, il ne peut venir à la succession, parce que la parenté n'existe véritablement qu'entre deux personnes qui ont coexisté, et qu'elle est un rapport entre deux personnes vivantes (Inst. 3, 1, § 8). Toutefois, c'est une question de savoir si cette disposition et le motif sur lequel elle est fondée existent encore dans le

1. Et encore, au temps où écrivait Paul, l'enfant conçu n'était considéré comme né que par rapport au chef de famille dont il eût dû être héritier s'il fût né avant le jour de son décès. Pour toute autre personne morte avant sa naissance, l'enfant conçu n'était qu'une personne incertaine et ne pouvait être institué par elle légataire ou héritier (Gaius, *comp.*, d'une part C. II, § 130 et C. I, § 147, et d'autre part. C. II, § 241 et 242). Mais l'institution, nulle en droit civil, était validée par le droit prétorien qui accordait la possession de biens (Inst 3, 9, pr.). Justinienconfirma le droit prétorien, et les enfants simplement conçus furent considérés comme nés par rapport à toutes personnes (Inst. *loc. cit.*, et 2, 20, § 26 et 27).

système des Novelles. La plupart des auteurs, Lebrun entre autres, ont soutenu l'affirmative. Mais, dit Furgole, si on examine la chose avec attention, il est aisé de s'apercevoir que le texte des Institutes est corrigé par la Novelle 118, et que les principes de la nouvelle jurisprudence établie par Justinien doivent faire décider le contraire (*Traité des Donat.*, question 44, n° 34). Espiard, en ses *observations* sur Lebrun (L. I, ch. III, n° 1), adopte l'avis de Furgole et le développe. Les textes que l'on invoque, dit-il, ne concernent que les descendants. Or, avant les Novelles, la succession des descendants n'était pas fondée sur les liens du sang, mais uniquement sur le lien civil de la puissance paternelle ; et on comprend dès lors que l'enfant qui a été conçu après la mort de son aïeul ne puisse venir à sa succession *ab intestat*, puisque, n'ayant jamais été sous sa puissance, il n'a jamais été héritier : il n'y a pas eu de parenté comme celle qu'exige le droit civil. Ce n'est donc pas de la parenté naturelle que les Institutes ont entendu parler. Mais comme, d'après les Novelles, la succession n'a plus d'autre fondement que la parenté naturelle, le petit-fils conçu avant la mort de son aïeul n'en réunit pas moins les conditions nécessaires pour succéder, si à la parenté il joint la proximité.

Vinnius, cité par Espiard, pensait également qu'une pareille réforme rentrait parfaitement dans l'esprit et le dessein des Novelles, mais que cependant, comme elle n'avait pas été faite en propres termes, il restait quelque incertitude à cet égard. Et, en effet, lorsqu'on lit attentivement le § 8, *de hæred. quæ ab intestato def.*, aux Institutes, non-seulement on trouve de l'incertitude dans cette interprétation, mais encore on arrive à se convaincre que, dans la pensée du législateur, ce n'était point uniquement la parenté civile, mais aussi la parenté naturelle qui faisait défaut entre l'aïeul et le petit-fils conçu après la mort de l'aïeul; *quia nullo jure cognationis patrem sui patris tetigit,* dit ce paragraphe,... *cognatio* désigne bien la parenté naturelle.

Seulement, on peut regretter qu'une pareille idée, si peu conforme à la nature humaine, ait pu s'accréditer auprès des jurisconsultes. On ne peut admettre, en effet, que l'on ne soit pas parent d'un ancêtre dont on a le sang dans les veines et sans lequel on n'eût pas connu l'existence. Et la science du droit ne s'est-elle pas elle-même conformée à cette manière de voir, en établissant le mode de supputation des degrés de parenté que l'on trouve aux Institutes (L. III, tit. 6)? Le législateur a soin de nous dire que le quintisaïeul et l'arrière-petit-fils d'un arrière-petit-enfant sont cognats au sixième degré. Il n'est pas complétement impossible, c'est vrai, qu'ils puissent se rencontrer sur la terre, même avec la durée actuelle de la vie humaine; mais ce serait un cas tellement exceptionnel, que l'on ne peut pas croire que la loi, qui ne statue que *de eo quod plerumque fit,* puisse contenir un paragraphe en prévision de son éventualité. Le texte ne s'arrête pas du reste au quintisaïeul, et il ressort du § 7 que si passé ce degré, il n'y a plus de dénomination particulière, la parenté n'en existe pas moins.

Si la succession *ab intestat* s'ouvrait au moment de la mort du défunt, on comprendrait que l'enfant qui n'était pas conçu à cette époque ne pût pas venir à la succession. Il y aurait alors une autre raison que le défaut de parenté : il ne se peut pas, en effet, qu'une personne ait pu acquérir et devenir propriétaire avant d'avoir existé ; et alors même que la succession serait restée vacante, on peut dire encore que l'enfant conçu depuis la mort du *de cujus* ne pourrait la réclamer, parce que à partir de ce moment elle a été ouverte et le droit est acquis à celui qui la réclamera plus tard, soit un héritier, soit le fisc ; et encore cela paraît-il un peu dur, surtout s'il s'agit du fisc ou de parents éloignés.

Mais puisque la règle est que la succession *ab intestat* ne s'ouvre qu'au moment où il est certain que le défunt n'a pas laissé de testament ; que, par conséquent si elle peut, il est vrai, s'ouvrir le jour même de la mort, elle peut aussi s'ouvrir beaucoup plus tard, il eût été tout-à-fait raisonnable de dire que, dans cette dernière hypothèse, l'enfant conçu dans l'intervalle viendrait à la succession, et de poser ainsi le princip· : pour succéder, il faut être né ou tout au moins conçu avant l'ouverture de la succession.

DROIT FRANÇAIS.

CHAPITRE PREMIER.

ORIGINES DE LA REPRÉSENTATION.

Pour étudier cette question des origines de la représentation, il faut tout d'abord, comme en bien d'autres matières, distinguer les pays de droit écrit des pays de droit coutumier. Dans les provinces de droit écrit, on observait assez exactement le système de succession tel que Justinien l'avait organisé par les Novelles 118 et 127 : le droit de représentation y était donc admis et soumis aux règles que nous avons étudiées plus haut. Dans les pays de droit coutumier, au contraire, cette institution si équitable rencontra beaucoup d'obstacles. Tant plus les Coutumes tirent au nord, tant plus elles sont contraires au droit de représentation, disait Dumoulin, sur l'art. 76 de la Coutume de Bretagne. Les Coutumes qui ne l'admettaient pas, avaient, il est vrai, imaginé un moyen d'y suppléer : c'était le *rappel*. Le rappel, d'une manière générale, était un moyen de faire venir à la succession un enfant qui n'y serait pas venu sans cela. C'était un remède à l'exclusion des filles dotées : soit que cette exclusion provînt de la Coutume, soit qu'elle fût le résultat d'une renonciation expresse ; c'était un remède aussi à l'exhérédation ; et enfin, — c'est le cas qui nous occupe, — au défaut de représentation. C'était alors une déclaration par laquelle une personne ordonnait que, en cas de prédécès de l'un de ses héritiers présomptifs, les enfants de cet héritier le représenteraient dans sa succession. En d'autres termes, la représentation n'était pas admise de plein droit par la Coutume, mais on la faisait dépendre de la volonté du *de cujus* qui pouvait l'accorder ou la refuser. On en usait de cette sorte, dit Basnage, pour rendre les enfants plus respectueux (sur l'art. 238 de la Coutume de Normandie). Dumoulin dit, de même, sur l'art. 77 de la Coutume de Boulonnais, que, par ce moyen, les enfants ont les mains liées, et ne se hasardent pas de contracter mariage sans le consentement de leur père, parce qu'ils prévoient qu'en manquant à ce respect naturel, ils n'auront point de réserve au profit de leurs enfants, et que, s'ils venaient à décéder avant leur père, leurs enfants seraient privés de la succession. Mais quelle que soit l'importance de ces considérations et la gravité du mal, le remède est trop violent, comme dit Lebrun. Nous faisons bien mieux, ajoute cet auteur, dans nos Coutumes de représentation, de nous en rapporter aux sentiments de la nature et à la gratitude des enfants, pour recevoir d'eux ce respect indispensable, ou au moins de nous en tenir aux peines établies contre les enfants qui manquent à de si justes devoirs (L. III, ch. x, section III, n° 10).

Avec le système des Coutumes qui n'admettaient pas la représentation, c'étaient les petits-enfants, c'est-à-dire ceux qui n'étaient point coupables, qui étaient principalement frappés ; et, d'un autre côté, il pouvait se faire que par négligence ou par ignorance, la clause de rappel fut omise pour le fils le plus obéissant du monde. Aussi, le principe de la représentation finit-il par triompher ; et, dans les derniers temps, sauf un très-petit nombre d'exceptions, il était devenu le droit général des pays coutumiers. Mais les Coutumes étaient, en cette matière, fort différentes et souvent même contraires les unes aux autres : tellement qu'on s'est demandé si l'usage de la représentation dans les pays de droit coutumier ne procédait pas des anciens usages des Gaules, et par conséquent de sources très-diverses. Il a paru difficile à certains auteurs de croire que si les Coutumes l'eussent toutes tiré du même lieu, c'est-à-dire des pays de droit écrit, elles eussent pu lui donner des effets si opposés. Et cependant, malgré l'incertitude et l'obscurité qui accompagnent toute investigation dans les antiquités des peuples, il est à peu près certain que cette institution n'était point en vigueur parmi les nations qui sont venues prendre place sur notre sol, en secouant le joug de la domination romaine. Le plus ancien monument législatif de ces temps reculés, la Loi salique, n'en fait aucune mention ; et ce n'est qu'à la fin du sixième siècle que l'on commence à en apercevoir quelque trace.

Une ordonnance de Childebert permet aux petits-enfants de succéder concurremment avec leurs oncles ou tantes ; mais elle ne parle des collatéraux que pour les exclure : *Ita convenit ut nepos ex filio vel ex filia ad aviticas res cum avunculis vel amitis sic venirent, tanquam si pater aut mater vivi fuissent. De illos tamen nepotes istud placuit observari, qui de filio vel filia nascuntur ; non qui de fratre.* Mais cette ordonnance elle-même, rendue pendant les Etats généraux qui se tenaient alors régulièrement tous les ans, atteste que jusque-là le contraire était observé. Les ordonnances ne venaient pas sanctionner des institutions déjà établies par la Coutume, mais seulement promulguer des dispositions nouvelles. De plus, lorsque parut l'ordonnance de Childebert, en 595, il y avait déjà plus d'un demi-siècle que la Novelle 118 faisait loi dans le monde romain, et était évidemment connue des chefs francs qui, des confins de leurs possessions méridionales, se rendaient aux Etats généraux. Il est donc vrai de dire que la source et l'origine de la représentation dans notre pays procèdent de la législation justinienne, et que c'est la Novelle de 543 qui a inspiré l'ordonnance de 595. Qu'on ne s'étonne pas que Childebert ait introduit la représentation par une ordonnance particulière, au lieu de donner simplement force de loi à la Novelle en cette matière. Ces fières peuplades du Nord, qui avaient réduit à néant le pouvoir colossal de l'empire romain, conservaient, même après leur complet établissement, une aversion profonde pour tout ce qui, de près ou de loin, touchait à leur ancien rival ; c'était avec défiance qu'elles lui empruntaient les meilleures institutions ; et encore, dans ce cas, s'efforçaient-elles d'en faire oublier l'origine en leur imprimant un caractère nouveau et national.

C'est sans doute à cette aversion et à cette antipathie qu'il faut attribuer la désuétude en laquelle tomba bientôt l'ordonnance de Childebert. En effet, la formule 56 de Marculfe, à propos de laquelle les éditeurs rapportent l'ordonnance de 595, est la formule d'un acte par lequel un père rappelle à sa succession les enfants de sa fille, pour la part que leur mère y aurait dû avoir : *sicut genitrix vestra si superstes fuisset, ita et vos cum avunculis vestris succedere faciatis.* Si la représentation eût été en usage, le rappel eût été bien inutile !

C'est dans la seconde moitié du septième siècle que le moine Marculfe rédigea sa collection de formules. Ce n'est qu'à la fin du dixième qu'apparaît de nouveau, et d'une façon certaine, le droit de représentation dans les successions. En l'an 941, sous l'empereur Othon Ier, la question fut vivement débattue, et la difficulté tranchée à coup d'épée. Ce fait est rapporté par Witikind, moine de Corbie, dans son Histoire de Saxe (liv. II). « La diversité des lois fit naître une discussion, dit cet historien ; quelques-uns pensaient que les fils des fils ne devaient point être comptés parmi les fils ni prendre en rang légitime leur part à l'hérédité concurremment avec ces derniers, dans le cas où le père serait mort du vivant de l'aïeul. L'empereur rendit alors un édit qui convoquait une assemblée générale dans la ville de Steil. L'assemblée décida que la question devait être examinée par des juges spéciaux. Mais le roi, par un conseil meilleur, ne voulut pas que les nobles et les anciens du peuple s'exposassent à d'indécentes discussions. Il ordonna que la chose fût décidée par des champions. Or, le parti qui soutenait que les fils des fils comptaient entre les fils, fut vainqueur, et il fut réglé qu'ils prendraient part avec leurs oncles paternels, et que ce serait chose stable et ferme à jamais. »

La représentation, en effet, fut aussitôt admise en Allemagne et dans plusieurs autres Etats; et à partir de cette époque elle s'introduisit successivement, quoique avec beaucoup de lenteur, dans la plupart de nos Coutumes. Mais le pouvoir qu'avait chaque duc ou comte de faire ou de changer la loi lui apporta toutes sortes de modifications : et de là, ces différences qui ont fait douter de son origine unique.

Il serait difficile et superflu de rechercher le moment où cette institution a pris place dans chaque Coutume. Disons seulement que dans quelques-unes elle ne pénétra jamais, et que dans deux des plus importantes, elle ne fut admise que depuis la rédaction officielle des Coutumes : dans celle d'Orléans en 1509, et dans celle de Paris en 1510. « A présent en ce royaume, dit Ricard, depuis que les sciences y ont été établies, et que ceux qui ont rempli les premières charges ont fait réflexion sur la rigueur de notre droit, et au contraire combien celui des Romains contient d'équité, à cause qu'il a été tiré des sentiments des plus grands hommes qui en avaient fait une étude particulière, et a depuis encore changé, à mesure qu'il s'est trouvé quelque injustice ou quelque incongruité dans l'ancienne disposition ; on a commencé en France à en tirer ce que l'on y a trouvé de plus juste;

nous avons réformé nos maximes générales, et bien souvent tout à fait changé sur celles du droit romain. Les zélés et les savants ont demandé les réformations des Coutumes ; et lorsqu'elles ont été faites, on a changé entièrement les maximes du droit français en plusieurs rencontres, pour y établir celles du droit civil, tellement que ce qui nous était anciennement inconnu, et qui répugnait entièrement à nos mœurs, passe maintenant pour droit commun, sur le fondement du droit civil que nous avons reçu en ces occasions par une commune approbation autorisée par les arrêts des cours souveraines » (*Traité de la représent.* ch. II, n° 24). Le même auteur ajoute un peu plus loin qu'en ce qui touche la représentation, les dispositions du droit romain sont partout en vigueur, même dans les pays où la Coutume est muette sur ce point, à moins qu'elle ne les ait formellement rejetées ; sauf, bien entendu, les différences et les modifications dont il a été parlé et qui se sont toujours conservées.

Voici, à cet égard, comment, dans le dernier état de notre ancien droit, peuvent se classer les Coutumes qui se partageaient la France :

1° Les unes excluaient absolument la représentation, tant en ligne directe qu'en ligne collatérale : c'étaient les Coutumes de Ponthieu, du Boulonnais, d'Artois et de Hainaut. Il avait bien paru, en 1556, un édit de Henri II, qui introduisait la représentation dans tout le royaume ; mais comme il ne fut point enregistré, on ne peut l'invoquer pour adapter la représentation aux Coutumes qui l'excluaient formellement.

2° D'autres l'admettaient en ligne directe, et la rejetaient en ligne collatérale.

3° La plus grande partie, entre autres celles de Paris et d'Orléans, l'avaient adoptée dans les termes du droit civil.

4° Beaucoup, et parmi celles-ci les Coutumes de Touraine, d'Anjou, de Poitou, de Saintonge, l'avaient admise à l'infini dans l'une et l'autre ligne.

5° D'autres l'étendaient en ligne collatérale au delà des termes du droit civil, sans cependant la porter à l'infini comme en ligne directe.

6° Quelques-unes l'admettant à l'infini en ligne directe, lui donnaient, en ligne collatérale, plus d'étendue pour certaines espèces de biens que pour d'autres. Dans la Coutume de Reims la représentation avait lieu à l'infini en ligne collatérale, quant aux biens roturiers; mais à l'égard des fiefs elle était restreinte aux termes du droit civil. La Coutume de Normandie l'admettait pour les propres jusqu'au septième degré, et seulement dans les termes du droit civil pour les acquêts immeubles ainsi que pour les meubles. Il en était de même dans la Coutume de Saint-Jean-d'Angély, avec cette différence que, pour les propres, la représentation ne s'arrêtait pas au septième degré, mais avait lieu *in infinitum*.

7° Enfin plusieurs Coutumes ne l'admettaient que pour certaines personnes, pour les roturiers, ou pour des biens d'une nature particulière. Parmi ces Coutumes appelées *hétéroclites*, les dernières, celles qui faisaient dépendre la représentation de la nature des biens, étaient de plusieurs sortes : la Coutume de Nivernais établissait la représentation aux termes du droit civil pour les immeubles tant féodaux que roturiers, mais la repoussait absolument pour les meubles ; la Coutume de Lille, au contraire, n'admettait la représentation que pour les meubles. Beaucoup d'autres distinguaient entre les biens roturiers et les biens féodaux, l'admettant pour ceux-là et la rejetant pour ceux-ci, soit dans les deux lignes, soit dans la ligne collatérale seulement.

Il suffit d'avoir exposé, d'une façon générale, l'état de la législation coutumière par rapport à la représentation, sans entrer dans le détail de chaque règle particulière. Cette étude est placée tout naturellement à côté de celle des dispositions du Code Napoléon qui doit être au premier plan dans ce travail. Ce rapprochement de l'ancien droit avec le droit actuel nous évitera de répéter des propositions souvent identiques, et nous permettra de constater plus facilement l'étendue du service qu'a rendu le législateur de 1804, en mettant fin, sur ce point comme sur tant d'autres, aux controverses et aux contradictions que déploraient depuis longtemps déjà les plus illustres jurisconsultes. « C'est le mélange de notre droit, disait Ricard, qui produit toutes ces contradictions qui font souhaiter, il y a longtemps, à tous les savants et expérimentés dans les affaires, qu'il plaise à Sa Majesté assembler des personnes suffisantes pour faire un droit général dans toute la France » (*Traité de la représent.*, ch. VIII, n° 62).

CHAPITRE II.

DÉFINITION DE LA REPRÉSENTATION. — CONDITIONS SOUS LESQUELLES ELLE PEUT AVOIR LIEU.

Le mot *représentation*, dans le sens où il est employé ici, n'a commencé à être en usage que depuis la réformation des Coutumes. Les jurisconsultes le trouvèrent commode pour désigner ce que le droit romain et le droit coutumier jusqu'alors n'avaient expliqué que par de longues périphrases. Mais, au dix-septième siècle, Ricard se plaint de ce que pas un jurisconsulte n'en ait encore donné une bonne définition, ou du moins une exacte description qui passe pour définition en droit (*Traité de la représent.*, ch. I, n° 23). Celle qu'il présente lui-même, cependant, est loin d'être satisfaisante; et il en est de même de celles de Pontanus et de Duplessis, rapportées par Guyné (*Traité de la représent.*, p. 3 et 5). C'est que, suivant la remarque de M. Demolombe, aucun sujet peut-être n'a mieux prouvé que celui-ci la vérité de la maxime : *omnis definitio in jure civili periculosa est...* (L. 202, D., *de regulis juris*) ; et celle même du Code Napoléon n'a pas laissé que d'être fort critiquée. « La représentation, dit l'article 739, est « une fiction de la loi, dont l'effet est de faire entrer les « représentants dans la place, dans le degré et dans « les droits du représenté. »

On a vivement regretté que les rédacteurs du Code Napoléon aient reproduit l'idée de *fiction*, au moyen de laquelle la représentation était définie par tous les anciens auteurs, à l'exception toutefois de Lebrun qui l'appelait *un droit par lequel l'enfant succède au lieu de son père qui est décédé avant que la succession soit ouverte* (L. III, ch. v, n° 1).

Toullier a exprimé cette critique avec vigueur : il n'y a point, dit-il, et il n'y a jamais eu de fiction dans la disposition de la loi qui admet, soit en ligne directe, soit en ligne collatérale, les enfants et les neveux à succéder en concurrence avec leurs oncles. La fiction est la ressource de la faiblesse ; c'est la supposition d'un fait contraire à la vérité. La fiction est donc indigne de la majesté du législateur ; il n'a pas besoin de feindre, il commande. Les fictions furent inventées par les préteurs romains, qui, dans l'impuissance d'abroger la loi, voulaient néanmoins y déroger sous prétexte d'équité. Les jurisconsultes imitèrent les préteurs, et usèrent des fictions dont l'usage leur parut commode, soit pour adoucir une loi trop dure, soit pour rendre leurs écrits plus méthodiques en apparence, en faisant dériver d'un même principe plusieurs décisions qui ne dérivaient pas de la même source.... Mais le législateur, lui, n'a pas besoin de recourir à ces détours... (*Des successions*, n° 189). Dans son ardeur à combattre la définition de l'art. 739, Toullier va même jusqu'à exprimer le regret qu'on n'ait pas retranché du Code toutes les définitions, suivant la pensée primitive du Conseil d'Etat. Nous n'avons point à examiner ici cette question, mais seulement à rechercher si, en ce qui concerne l'article 739, les observations que nous venons de reproduire sont fondées. D'abord, disons que les fictions ne furent pas à l'usage des seuls préteurs ; les lois aussi en ont créé : tel était le *jus postliminii*, introduit par la loi *Cornelia* (D., 49, 15 *de captiv. et postliminio*,..).En quoi le législateur déroge-t-il à sa dignité, lorsqu'il établit des fictions, c'est-à-dire des suppositions, et en quelque sorte des vérités artificielles ? Ces procédés ingénieux, que Toullier reconnaît nécessaires pour l'œuvre des jurisconsultes, ne le sont pas moins pour l'œuvre du législateur, parce que, dans le second cas comme dans le premier, ils maintiennent l'unité et l'harmonie des règles, en y rattachant, comme des conséquences, celles même de leurs dispositions qui, au fond, quelquefois, s'en écartent radicalement. Ici, en particulier, ce mot *fiction*, dont l'emploi y était d'ailleurs traditionnel, n'aurait pas été sans inconvénient remplacé par un autre. Il fait nettement comprendre comment les petits-enfants peuvent venir à la succession de leur aïeul en concours avec des parents d'un degré plus proche, sans cependant porter atteinte au grand principe d'après lequel les successions doivent être déférées d'après la proximité du degré. C'est l'enfant prédécédé qui est censé venir lui-même à la succession. Il y a bien là une fiction ; et, en la désignant par son nom véritable, le législateur caractérise d'avance la nature et les effets de la représentation. « En annonçant qu'il feint des faits qui ne sont pas réels, dit Demante, il exprime brièvement sa pensée, qui est de consacrer, pour le cas supposé, toutes les conséquences qu'il faudrait tirer de ces faits, s'ils étaient réels » (*Cours analytique*, t. III, n° 47 *bis*). Ainsi les petits-enfants, quelque nombreux qu'ils soient, ne prendront jamais plus dans la succession que ce qu'aurait pris leur père lui-même, s'il eût réellement succédé en personne : ils ne compteront que pour un.

Si donc il n'y avait pas d'autre reproche à adresser à l'article 739 que l'emploi du mot *fiction*, sa définition serait très-acceptable; mais sous plusieurs autres rapports, elle prête à la critique : son premier tort est de parler de *représentants* et de *représentés* sans faire connaître quelles personnes peuvent être représentées ou représentantes : ce sont précisément là les termes qui étaient à définir. En second lieu, les mots *place* et *degré* sont synonymes en matière de succession : l'un des deux est donc superflu. Enfin, il n'est pas exact de dire que le représentant entre dans les *droits du représenté*; on ne représente, en effet, que ceux qui sont morts avant le *de cujus* (art. 744); et ceux qui sont morts avant le *de cujus* n'ont aucun droit à sa succession. Il fallait donc dire : *dans les droits qu'aurait eus le représenté*, s'il ne fût pas mort. Mais il faut reconnaître que ce n'est là qu'une simple inexactitude de langage, qui n'a jamais donné lieu à aucune difficulté. Il est probable que, dominé par cette idée vraie que la représentation est une fiction, le législateur aura considéré l'héritier prédécédé, le représenté, comme un héritier vivant, qui *a* des droits à la succession du *de cujus*, sans pouvoir les exercer autrement que par l'intermédiaire et, pour ainsi dire, avec l'aide de ses propres enfants.

Pothier a donné de la représentation deux définitions : l'une, dans son *Traité des successions* (ch. II, sect. I, art. I) : l'autre, dans son *Introduction au titre XVII de la Coutume d'Orléans*. Ces définitions, surtout la dernière qui est plus explicite, dispenseraient d'en chercher une autre si elles comprenaient la représentation en ligne collatérale ; mais elles ne s'appliquent qu'à la ligne directe et par cela même ne sont pas satisfaisantes. La plus complète et la plus exacte parmi celles que donnent les livres est la suivante : *La représentation est une disposition de la loi* (plus exactement une *fiction*), *en vertu de laquelle les descendants, soit d'un fils ou d'une fille, soit d'un frère ou d'une sœur du* de cujus, *montent dans le degré que leur ascendant, par son prédécès, a laissé vacant dans la famille, et sont, en conséquence, appelés à succéder à sa place, c'est-à-dire à prendre toute la part, mais rien que la part à laquelle il aurait eu droit s'il eût survécu* (Mourlon, T. II, n° 87).

Cette définition échappe aux critiques déjà indiquées, et exprime assez bien les conditions sous lesquelles la représentation a lieu. De ces conditions, les unes ne sont qu'une application particulière des principes généraux des successions, les autres sont spéciales à l'institution même de la représentation.

Parlons d'abord des premières. On ne peut pas plus être appelé à une succession par droit de représentation qu'on ne peut l'être de son chef, si on ne réunit pas toutes les qualités requises pour succéder. C'est le représentant lui-même, personnellement, qui est héritier et qui vient à la succession, *suo prorsus et proprio jure*, disait Pontanus, sur l'art. 140 de la Coutume de Blois ; *ex capite proprio et ex propria persona*, disait aussi Dumoulin. Il est donc bien évident « qu'il faut que le représentant ait l'habileté personnelle de succéder à celui de la succession duquel il s'agit », comme disait Guyné (p. 152). Du reste, cette règle n'a jamais été mise en doute dans l'ancien droit (*Répertoire* de Guyot, v° *Représent*, p. 328).

Puisque c'est dans la personne du représentant que doivent se rencontrer les différentes qualités requises pour succéder, il faut :

1° Qu'il soit conçu à l'instant de l'ouverture de la succession ;

2° Qu'il soit né viable (art. 725).

3° Qu'il ne soit pas déclaré indigne (art. 727).

Il fallait de plus, avant la loi du 31 mai 1854, qu'il n'eût pas été frappé de mort civile ; et, avant la loi du 14 juillet 1819, si c'était un étranger, qu'il appartînt à un pays où des traités diplomatiques eussent donné à un Français le droit de succéder.

Aux termes de l'article 350, l'enfant adoptif n'ayant aucun droit de successibilité sur les biens des parents de l'adoptant, ne peut, dans le cas de prédécès de celui-ci, invoquer le droit de représentation, pour succéder aux ascendants ou aux frères et sœurs du défunt.

Mais les enfants légitimes d'un fils adoptif peuvent-ils le représenter dans la succession de l'adoptant ? La solution de cette question dépend de la solution de celle-ci : les enfants d'un fils adoptif ont-ils une vocation propre et personnelle à la succession du père adoptif de leur père [1] ? S'ils ont cette vocation, en effet,

1. L'affirmative a été admise par un arrêt récent de la cour de

la représentation est possible; mais il est évident qu'ils ne l'ont pas. Pour succéder à une personne, il faut être son parent; or, non-seulement la loi ne présente aucun texte qui établisse un lien de parenté entre l'adoptant et les enfants de l'adopté, mais le contraire ressort de l'article 345 qui restreint à l'adoptant et à l'adopté l'obligation réciproque de se fournir des aliments. Cette obligation eût nécessairement été étendue aux enfants de l'adopté, s'il existait une relation de filiation entre eux et l'adoptant.

Plusieurs objections, il est vrai, ont été faites à cette interprétation. Et d'abord, a-t-on dit, la preuve qu'il se forme entre l'adoptant et les enfants de l'adopté une relation de parenté, c'est qu'il existe entre eux un empêchement au mariage.... Mais le même empêchement existe entre l'adopté et les parents de l'adoptant; et cependant la loi dit elle-même qu'il n'y a entre eux aucun droit de successibilité, en d'autres termes, aucun lien de parenté. C'est qu'en effet l'empêchement au mariage est fondé, dans les deux cas, non sur la parenté, mais sur des considérations d'honnêteté publique.

En second lieu, de ce que les enfants de l'adopté portent le nom de l'adoptant, on a voulu conclure à leur parenté. Mais, peut-on dire encore, en raisonnant comme pour la première objection, l'adopté, lui aussi, porte le nom du père de son père adoptif, et cependant la loi n'établit entre eux aucun lien de parenté. Si les

Nancy; mais les motifs donnés par cet arrêt ne sont pas autres que ceux auxquels il est répondu plus loin.

enfants de l'adopté portent le nom de l'adoptant, ce n'est pas parce qu'ils sont ses parents ; ils le portent parce qu'il appartient à leur père, et qu'il est de principe que l'enfant prend le nom de son père.

Enfin, à l'argument d'analogie puisé dans l'article 351 qui accorde aux enfants de l'adopté le droit de conserver, quand ils succèdent à leur père, les biens que l'adoptant lui avait donnés, je réponds qu'entre ce droit de conserver des biens qui ont passé du patrimoine de l'adoptant dans le patrimoine de l'adopté, et celui d'acquérir par succession les autres biens de l'adoptant, il y a une différence profonde ; et on ne peut pas conclure du premier au second. L'argument *a contrario* serait d'ailleurs plus logique, et l'on peut dire que du moment que la loi est expresse sur l'un de ces droits et muette sur l'autre, elle n'a entendu évidemment accorder que celui dont elle a parlé.

Ce que nous disons des enfants adoptifs est vrai aussi des enfants naturels reconnus. Si la reconnaissance établit un lien de parenté entre l'enfant et le père ou la mère qui le reconnaît, elle n'en établit aucun entre l'enfant et les parents du père ou de la mère. La vocation personnelle à la succession de ces derniers fait donc défaut aux enfants naturels reconnus ; partant, le droit de venir par représentation. Mais, à la différence de ce qui se passe dans l'adoption, les enfants naturels, qui ne peuvent pas être représentants de leurs père ou mère, peuvent, au contraire, être représentés par leurs enfants légitimes. Cette disposition se retrouvera au chapitre second, quand nous rechercherons en faveur de quels héritiers la représentation est admise. Il nous faut, quant à présent, examiner les autres conditions spéciales à la représentation.

Elles peuvent être exprimées sous la forme de trois règles principales :

1° Il faut toujours que les représentants soient les enfants ou les descendants des représentés ; mais il n'est pas nécessaire qu'ils soient leurs héritiers.

2° On ne peut représenter que les personnes qui n'existent plus, lors de l'ouverture de la succession.

3° On ne peut représenter que les personnes qui auraient été appelées à la succession du *de cujus*, si elles lui avaient survécu.

Il faut reprendre successivement chacune de ces règles et les étudier en détail.

I. — Je dirai ailleurs en faveur de quelles classes d'héritiers et dans quelle limite la représentation est admise : dès à présent, je dis qu'il n'est jamais donné qu'à un descendant de venir par représentation. Tellle est la règle, essentielle et invariable, de notre droit en cette matière ; elle était aussi celle de l'ancienne jurisprudence, comme l'indique ce passage de Lebrun : « La représentation ne vient que de la liaison, pour ne pas dire de l'identité du père et du fils : et c'est pour cela qu'il n'y a que les enfants qui représentent, et que cela n'est jamais permis, en quelque cas que ce soit, aux collatéraux....» (L. III, ch., V, sect. 1, n° 10).

Mais s'il est indispensable que le représentant soit le descendant du représenté, il ne l'est pas, disons-nous, qu'il soit son héritier. Ce n'est point de la main de son père, en effet, que le représentant tient ses droits. S'il entre en son lieu et place, c'est la loi qui l'y met ; la volonté de son père n'y a aucune part. Lorsqu'un homme meurt avant l'ouverture d'une succession à laquelle il aurait eu droit s'il eût survécu, il n'a pas le pouvoir de transmettre ce droit à d'autres personnes. La succession ne lui étant pas échue, et ne lui appartenant pas encore, il ne peut aucunement en disposer ; il ne peut, par conséquent, donner à personne le droit de le représenter dans cette succession, lorsqu'elle sera ouverte : ce serait là une véritable disposition d'une chose dont il n'a jamais été le maître. Il fallait donc une disposition précise de la loi pour établir le droit de représentation ; et c'est de cette disposition seule que le représentant emprunte sa vocation et ses droits. *Quod filius succedat in locum patris seu matris, quantum ad successionem avi, non habet a patre, sed ex dispositione legis.....* (Barthole, sur la loi 93, au Digeste, *de adquir. hæreditate.*)

Tel est le principe. Voici maintenant les conséquences, que nous avons indiquées d'un seul mot en disant qu'il n'est pas nécessaire que le représentant soit héritier du représenté :

1° On peut représenter celui lors du décès duquel on n'était pas encore conçu. « Quoiqu'il n'y ait, disait Lebrun, aucun texte dans le droit qui dise qu'il soit nécessaire, ou non, d'être vivant lors du décès de celui par la représentation duquel l'on veut venir à une succession, toutefois il faut convenir que c'est un point de droit très-indubitable qu'il n'est point nécessaire d'être héritier de celui que l'on représente : d'où il semble qu'il s'ensuit qu'il n'est point non plus nécessaire d'être en vie lors de son décès » (L. I, ch. III, n° 11).

2° On peut représenter celui à la succession duquel on a renoncé. Telle est la disposition formelle de l'article 744. Dès longtemps admise dans l'ancien droit, elle se trouve contenue implicitement dans l'article 308 de la Coutume de Paris, qui porte que *l'enfant ayant survécu à ses père et mère, et venant à la succession de ses aïeul ou aïeule, encore qu'il renonce à la succession de sesdits père et mère, est tenu de rapporter tout ce qui a été donné à sesdits père et mère.* La Coutume suppose, en ordonnant le rapport, que le père n'est pas fils unique, et que, par conséquent, le petit-fils ne vient à la succession que par représentation. D'un autre côté, en supposant que le petit-fils renonce à la succession de son père, elle fait entendre clairement que l'on peut représenter celui dont on n'est point héritier.

Mais on avait voulu trouver une objection contre ce principe dans le chapitre XXI de la Novelle 22. Nous n'avons pas à revenir ici sur ce point déjà débattu dans la partie consacrée au droit romain. Si nous rappelons de nouveau cette controverse, c'est qu'on peut y voir le motif qui a porté le législateur à formuler spécialement cette conséquence du principe que le représentant emprunte sa vocation et ses droits non au représenté, mais à la loi, alors qu'il passe les autres sous silence. Il n'a pas voulu laisser de doute sur une question qui avait soulevé des dissentiments. Précaution assez superflue, il est vrai, puisque le droit romain n'a plus aucune autorité législative en France; et cette considération peut faire douter que telle ait été, en réalité, l'intention du législateur. Mais alors, quelle a pu être sa pensée en écrivant le second alinéa de l'art. 744? Il était aussi inutile, en effet, de formuler dans le Code le droit de représenter celui à la succession duquel on a renoncé que de dire qu'on peut représenter celui lors du décès duquel on n'était pas encore conçu. Cette proposition et celles qui nous restent encore à voir, bien qu'elles ne soient pas écrites formellement, sont aussi incontestables que celles de l'art. 744, parce qu'elles dérivent, ainsi que nous l'avons vu, de la nature même de la représentation. Il fallait les indiquer toutes ou n'en indiquer aucune d'une façon particulière.

3° Un héritier peut représenter celui de la succession duquel il aurait été exclu comme indigne. L'indignité n'exclut que de la succession pour laquelle on a été déclaré indigne, mais non pas d'une autre succession distincte et qui n'a pas été confondue avec la première.

4° Le représentant n'est pas tenu de payer les dettes du représenté, s'il ne s'y est soumis par l'acceptation de la succession de celui-ci. Toutefois nous verrons, en parlant des effets de la représentation, au chapitre III, que le représentant peut être tenu, vis-à-vis de la succession à laquelle il vient par représentation, de certaines obligations dont le représenté aurait été tenu lui-même, en sa qualité d'héritier, s'il eût été appelé à la succession.

Telles sont les conséquences du principe que le représentant ne tient pas ses droits du représenté, conséquences traditionnellement consacrées dans ce sujet.

Au point de vue de la logique, elles sont indiscutables; mais ne peut-on pas dire que celle-ci : *on peut représenter celui à la succession duquel on a renoncé*, et la suivante : *on peut représenter celui de la succession duquel on aurait été exclu comme indigné*, sont tout à fait contraires à la pensée qui a inspiré le système de la représentation ; et dès lors n'est-il pas à regretter que le législateur ne les ait pas repoussées par une disposition formelle ? La théorie de la représentation, en effet, n'a-t-elle pas été inspirée par la pensée de réparer autant que possible le tort causé aux enfants par la mort prématurée de leur père ou de leur mère, en les appelant à une succession qu'ils auraient trouvée dans la propre succession de leur auteur si celui-ci ne fût pas mort avant le *de cujus* ? Mais si, par suite de circonstances spéciales, telles que la renonciation ou l'exclusion pour cause d'indignité, l'enfant perd tous ses droits à la succession de son père ou de sa mère, il ne doit pas pouvoir en conserver sur une succession qui eût fait partie de la première si son auteur eût survécu, et sur laquelle, par conséquent, il ne devait pas compter. Dans ces cas-là, le prédécès du père ou de la mère ne cause aucun préjudice, puisque, lors même qu'il n'eût pas eu lieu, la renonciation ou l'indignité n'en auraient pas moins empêché les enfants de recueillir la succession qui était venue s'ajouter à celle de leur auteur et se confondre avec elle. Donc le motif qui a dicté la représentation paraissait exiger que le représentant eût accepté la succession du représenté et n'en eût pas été exclu comme indigne pour avoir le droit de venir par représentation.

Mais cette critique ne résiste pas à un examen plus attentif des raisons qui ont fait admettre la représentation. Ce n'est pas seulement pour réparer le tort causé par la mort prématurée d'un père ou d'une mère qu'elle a été introduite, mais aussi pour donner satisfaction à ce sentiment si naturel qui fait reporter sur les enfants d'un fils ou d'un frère l'affection dont leur père était l'objet. Lors même, par conséquent, que le représentant renonce à la succession du représenté ou en est exclu comme indigne, et qu'ainsi le premier fondement de la représentation disparaît, le second n'en existe pas moins et justifie la disposition de la loi.

De plus, en ce qui concerne la renonciation, il est fort possible qu'elle n'eût pas été faite par l'enfant à la succession de son père ou de sa mère, si celui-ci eût survécu au *de cujus* : car la succession, dans ce cas, d'insolvable qu'elle était, serait peut-être devenue avantageuse.

« Il y a d'ailleurs, remarquait Chabot de l'Allier, un grand motif d'équité pour qu'on puisse prendre une succession à laquelle on est appelé par la proximité du sang et par la loi, sans être obligé d'accepter la succession onéreuse de celui qui était, de son vivant, le plus proche en degré. Les enfants dont le père a été dissipateur trouvent ainsi dans les successions de leurs aïeux des moyens d'existence. Appelés par la nature à ces successions, ils ne doivent pas en être privés par la faute de leur père, et les créanciers du père ne peuvent s'en plaindre, puisqu'ils n'ont jamais eu de droit sur des successions qui ne sont échues qu'après la mort de leur débiteur, et qu'ils n'auraient pas plus d'avantage si les successions étaient recueillies par d'autres que les représentants du débiteur (Rapport au Tribunat).

Une objection d'une autre nature a été formulée contre la doctrine qui permet de représenter celui de la succession duquel on aurait été exclu comme indigne. C'est autoriser, dit-on, la représentation de la victime par le meurtrier ; et celui-ci peut être poussé au crime précisément par l'espérance de cette vocation héréditaire qui en sera le résultat. Cette critique ne manque certes pas de gravité, et l'idée sur laquelle elle repose aurait peut-être dû être prise en considération par le législateur. Mais il faudrait un texte spécial pour écarter la représentation dans cette hypothèse ; et ce texte n'existe nulle part.

II. — L'art. 744, premier alinéa, formule ainsi la seconde des règles principales déjà énumérées : *On ne représente pas les personnes vivantes, mais seulement celles qui sont mortes naturellement ou civilement.*

Cette règle, que Dumoulin avait ainsi exprimée : *Repræsentatio nunquam est de persona vivente, sed tantum de parente mortuo naturaliter vel civiliter*, était généralement reçue dans l'ancien droit

Comment occuper une place qui n'est pas vacante ? La représentation ayant pour effet de mettre le représentant dans le degré du représenté, il faut nécessairement que ce degré soit libre ; or, la personne vivante remplit elle-même son degré.

« La question de savoir si l'on peut représenter un homme vivant, disait Lebrun, n'est pas susceptible de difficulté, puisque la raison ne veut pas qu'on entre dans la place d'un homme vivant, qui remplit son degré. (L. III, ch. v, sect. 1, n° 14.) Pothier s'exprime à peu près de la même façon (*des succ.*, ch. II, sect. I, art. 1, § 2), et cette idée se retrouve dans les travaux préparatoires du Code Napoléon.

Du principe que l'on ne représente pas les personnes vivantes, il suit comme conséquence que l'on ne peut pas représenter : 1° l'héritier qui a été exclu de la succession comme indigne ; 2° l'héritier qui a renoncé.

« On ne vient jamais par représentation d'un héritier « qui a renoncé, dit l'art. 787 ; si le renonçant est le « seul héritier de son degré, ou si tous les cohéritiers « renoncent, les enfants viennent de leur chef et succè- « dent par tête. »

En effet, tant que le père vit, il est le chef de sa famille ; tous les droits de cette famille reposent sur sa tête. Les enfants n'ont rien à prétendre de son vivant. S'il renonce à une succession, ils ne peuvent pas plus critiquer sa renonciation que l'aliénation qu'il en aurait pu faire s'il l'eût recueillie.

Pour bien comprendre cet art. 787, il est bon de l'analyser et de voir les différentes hypothèses auxquelles il se réfère.

Lorsqu'un héritier renonce, il peut y avoir d'autres héritiers du même degré que lui, comme il peut n'y en avoir pas.

Dans le premier cas, la question n'a jamais fait difficulté, les enfants de l'héritier renonçant sont exclus par leurs oncles ou tantes, parents du *de cujus* au même degré que leur père. « Si le père, habile à être héritier, renonce, le fils ne peut point venir à la succession par représentation de son père avec ses oncles » (Ricard, sur l'art. 319 de la Coutume de Paris).

Dans le second cas, il faut faire une sous-distinction : ou l'héritier renonçant avait pour cohéritiers présomptifs des parents plus éloignés que lui, à la vérité, mais rapprochés et mis au même degré par le bénéfice de la représentation, ou il n'en avait point.

S'il n'en avait point, ses enfants viennent tout naturellement à la succession, sans être obligés d'invoquer le droit de représentation ; ils se trouvent les plus proches parents du *de cujus* ; ils viennent de leur chef.

Mais l'autre hypothèse, dont la solution est aussi facile aujourd'hui avec le texte de l'art. 787, avait été controversée dans l'ancien droit. Dumoulin pensait que les enfants du renonçant devaient être admis à concourir avec leurs cousins, parce qu'ils étaient, en réalité, parents du *de cujus* au même degré que ceux-ci : *bene venient jure suo et ex successorio edicto, si sint proximiores in gradu, vel æque propinqui cum aliis succedentibus vel repræsentantibus concurrendo* (sur l'art. 241 de la Coutume du Maine). Cette décision avait été adoptée par Ricard (sur l'art. 309 de la Coutume de Senlis), au moins pour le cas de renonciation gratuite.

Mais Lebrun, le président Espiard et beaucoup d'autres auteurs soutenaient que, de quelque manière que la renonciation fût faite, il en résultait pour les enfants du renonçant une incapacité absolue de concourir même avec ceux des cohéritiers de leur père qui ne s'étaient rapprochés de son degré que par le bénéfice de la représentation. Les enfants, en effet, ne peuvent en ce cas succéder de leur chef, puisque les cohéritiers de leur père, quoique plus éloignés en réalité, sont cependant réputés au même degré que lui ; et comme, d'un autre côté, ils ne peuvent pas non plus user de la représentation pour monter au niveau de ceux-ci, puisque la représentation d'un homme vivant est interdite, il faut nécessairement qu'ils restent étrangers à la succession.

Ainsi les enfants d'un héritier renonçant ne peuvent jamais venir que de leur chef, ce qui peut arriver, comme dit l'art. 787, si l'héritier renonçant est seul de son degré, ou si tous ses cohéritiers renoncent. Mais, dans ce dernier cas, il peut se produire un résultat tout à fait inique. Si, par exemple, le défunt a laissé deux fils qui aient l'un et l'autre renoncé à sa succession, et qu'il y ait un petit-fils né de l'un de ces fils et trois de l'autre, ceux-ci recueilleront les trois quarts de la succession, tandis que leur cousin, par une circonstance entièrement étrangère à sa volonté, se voit frustré de la moitié des biens qui devaient régulièrement lui appartenir.

On trouvait, autrefois, un remède à cet inconvénient dans la représentation *à l'effet de partager*. « Quand on dit que l'on ne représente pas un homme vivant, cela s'entend d'une représentation actuelle qui fait monter en un degré supérieur ; mais ce n'est pas dire que l'on ne puisse, sans changer de degré, faire une espèce de représentation de la personne de celui qui a renoncé gratuitement, et partager par souche avec ceux qui sont en pareil degré » (Lebrun, L. 1, ch. IV, sect. 6, distinct. 1, n° 15).

Mais le Code Napoléon n'a pas admis la représentation *à l'effet de partager*, et il a établi de la façon la plus absolue la règle que l'on ne représente pas les personnes vivantes, mais seulement celles qui sont mortes naturellement ou civilement.

Cette assimilation de la mort civile à la mort naturelle, en cette matière, établie par le droit romain, fut maintenue par l'ancienne jurisprudence. Le mort civilement, en effet, était considéré, dans l'ordre social et civil, comme n'existant plus. Aujourd'hui que cette institution a disparu de nos lois, il est inutile d'en parler davantage et de rechercher, par exemple, si le Français naturalisé sans autorisation en pays étranger peut être représenté, de son vivant, par ses enfants à la succession de son père ou de sa mère.

Toutefois, la personne qui est absente au moment de l'ouverture de la succession peut être représentée ; ce n'est pas une dérogation à la règle que l'on ne représente pas les personnes vivantes : car si, en réalité, l'absent peut être vivant, il n'en est pas moins, devant la loi, considéré comme mort. « S'il s'ouvre une succession, dit l'art. 136, à laquelle soit appelé un individu dont l'existence n'est pas reconnue [1], elle sera dévolue exclusivement à ceux avec lesquels il aurait eu le droit de concourir, ou à ceux qui l'auraient recueillie à son défaut. »

Il est vrai que les derniers mots de cet article ont donné lieu à une interprétation qui conduit à soutenir,

1. L'art. 136 s'applique à tous ceux *dont l'existence n'est pas reconnue*, et, par conséquent, tant aux *présumés* qu'aux *déclarés* absents ; la remarque en a été faite au conseil d'État.

contrairement à ce qui vient d'être énoncé, que l'absent ne peut pas être représenté. D'après Proudhon, l'auteur de ce système (T. I, p. 347), l'art. 136 attribue la succession d'abord à ceux avec lesquels l'absent aurait eu le droit de concourir, puis, mais en second ordre, à ceux qui l'auraient recueillie à son défaut. Les deux vocations ne sont pas simultanées ; l'une est principale, l'autre seulement subsidiaire. Les enfants ne viendront donc pas, par représentation de leur père, en concours avec leurs oncles ou tantes, mais seulement à défaut de ces oncles ou tantes qui sont d'un degré plus proche.

Cette opinion ne se soutient pas devant cette considération que l'absent ne peut pas être, relativement au même objet et entre les mêmes personnes, réputé mort et vivant tout à la fois. On le considère comme mort pour l'exclure de la succession , comme vivant pour exclure ses enfants. Ce sont là deux présomptions contradictoires, entre lesquelles il faut choisir : or, le choix est indiqué par la loi elle-même. Elle suppose évidemment l'absent décédé, puisqu'elle admet, au moins provisoirement, les effets que son décès produirait s'il était prouvé.

Le système de Proudhon conduit aux conséquences les plus iniques. Les enfants de l'absent sont dépouillés de toute part à la succession, sans que cependant leur père ait renoncé, sans qu'il ait été déclaré indigne, et sans que personne prouve qu'il existe encore, mais seulement par suite de l'interprétation subtile de l'art. 136. De même, supposons une succession échue à des collatéraux : un seul est héritier dans la ligne maternelle, et il est absent. Sa part va donc accroître aux héritiers de la ligne paternelle, qui recueilleront ainsi la succession tout entière, au détriment des enfants de l'absent, et contrairement à l'art. 733 qui partage entre les deux lignes toute succession échue à des collatéraux!

Ces conséquences ne sont pas contestées par les adversaires de la doctrine que nous soutenons. Ils les déplorent; mais ils n'y voient d'autre remède que la révision de l'art. 136 qui, disent-ils, est trop formel pour qu'on puisse lui donner un autre sens que celui qu'ils lui attribuent. Il faut reconnaître, en effet, que sans l'observation capitale qui porte sur l'interprétation même de Proudhon, les résultats injustes qu'elle peut produire ne seraient pas un motif suffisant pour la rejeter. Car il y a dans le Code des règles indiscutables qui produisent les effets les plus fâcheux. On en voit un exemple dans le partage par tête que sont obligés de faire les enfants de plusieurs héritiers renonçants, la représentation *à l'effet de partager* n'étant plus admise dans nos lois.

Ces réflexions nous amènent à examiner la critique adressée à la règle que l'on ne représente pas les personnes vivantes, précisément à cause des conséquences injustes qu'elle entraîne après elle.

Nous devons déclarer, dit M. Demolombe, que cette règle, du moins dans les termes absolus de l'art. 744, ne nous semble pas toujours empreinte d'un caractère d'évidence et de nécessité. On comprendrait assurément fort bien une règle toute contraire. D'une part, en effet, à consulter d'abord la raison et l'équité, pourquoi rendre les enfants victimes de la renonciation ou de l'indignité de leur père et mère, plutôt que de leur prédécès ? D'autre part, est-ce que la personne vivante, après qu'elle a renoncé ou après qu'elle a été exclue comme indigne, est-ce que cette personne existe relativement à la succession ? *Abstinens censetur quasi non fuisset*, disait Dumoulin ; et on aurait pu certainement, sans troubler l'harmonie des règles de la représentation, considérer comme vacant le degré que celui-là qui était appelé à le remplir a déserté volontairement ou forcément. Enfin, en se plaçant en face du résultat, en voyant, par exemple, la succession tout entière recueillie par l'oncle, fils du défunt, à l'exclusion de ses neveux, petits-fils du défunt, parce que leur père est renonçant, ne se sent-on pas au cœur cette émotion qu'excite toujours en nous le spectacle d'une grande dureté, si ce n'est d'une injustice (*des success.*, T. I, p. 467 et *suiv.*) ?

Ces considérations fort graves n'avaient point échappé à nos anciens auteurs. Aussi Dumoulin voulait-il que les enfants du renonçant fussent admis à représenter leur père, même à l'effet de concourir avec d'autres petits-enfants venant eux-mêmes par représentation d'un enfant prédécédé. Nous savons que, dans cette hypothèse, existait au moins la ressource de la représentation *à l'effet de partager*. Ricard avait adopté la décision de Dumoulin (sur l'art. 309 de la Coutume de Senlis). Enfin Basnage atteste que, suivant l'opinion la plus commune de son temps, la règle que l'on ne représente pas les personnes vivantes n'était pas observée en Normandie ; et que le fils, nonobstant la renonciation de son père, était admis à succéder avec un plus proche, *quasi subducta persona patris e medio.*

« Il n'est pas juste, suivant cet auteur, de restreindre un droit aussi favorable que le droit de représentation, et de ne lui donner lieu que dans le seul cas du décès de celui que l'on veut représenter. C'est mal expliquer l'intention des lois et contrevenir à leur fin. La représentation n'est introduite que par un principe d'équité, pour mettre les enfants en la place de leur père ; que si le père vivant ne veut point se prévaloir de son droit, il ne doit point faire obstacle à ses enfants.... ; comme le père ne pourrait pas faire tort à ses créanciers, il peut beaucoup moins faire tort à ses enfants » (sur l'art. 304 de la Coutume de Normandie).

Cependant, le législateur de 1804 n'a pas mérité tous les reproches qu'on lui adresse. La règle qu'il a établie dans l'art. 744 donne prise, il est vrai, à la critique, mais pas à une critique aussi étendue que celle que nous avons reproduite. Cette règle que l'on ne représente pas les personnes vivantes, comprend, comme nous l'avons vu, deux hypothèses : l'indignité et la renonciation. Quant à la première, le reproche nous paraît juste et la critique parfaitement fondée. On ne voit aucun motif capable de faire passer par-dessus les puissantes considérations d'équité et de bon sens déjà indiquées, pour arriver à refuser aux enfants de l'indigne la part qui devait régulièrement leur appartenir. Il n'y aurait que dans le système de ceux qui soutiennent que les enfants de l'indigne ne peuvent représenter leur père alors même que celui-ci a prédécédé le *de cujus*, il n'y aurait que dans ce système, disons-nous, que l'on pourrait justifier cette exclusion, car alors ce n'est plus parce que leur père est vivant que ses enfants ne peuvent pas le représenter, c'est par l'effet d'une prohibition particulière fondée sur ce que le crime du père ne doit pas profiter à ses descendants. Mais nous verrons plus loin que ce système est à peu près entièrement abandonné. Il est donc vrai de dire que c'est à tort que le droit de représentation n'a pas été accordé aux enfants de l'indigne.

Mais il n'en est pas de même du cas de renonciation. Et d'abord, si la renonciation n'a pas été gratuite, si elle a eu lieu *aliquo dato*, ou pour se dispenser d'un rapport, il est évident (et, du reste, cela n'est pas contesté) que les enfants du renonçant ne peuvent pas venir à la succession par représentation de leur père, parce que celui-ci a réellement exercé son droit ; il l'a exercé de la manière qu'il a crue la plus favorable à ses intérêts. Mais, alors même que la renonciation a été faite gratuitement, c'est encore avec raison que les enfants sont exclus, parce que, ainsi que l'a dit Chabot de l'Allier, dans son rapport au Tribunat, il y aurait beaucoup d'inconvénients à permettre qu'un homme fît passer à ses enfants une succession qui lui serait échue, sans avoir pris lui-même le titre d'héritier : il trouverait ainsi le moyen de frustrer ses créanciers, et l'on verrait souvent en pareille matière des fidéicommis frauduleux.

Nous avons vu que Basnage pensait, au contraire, que « si le père ne peut pas faire tort à ses créanciers, il peut beaucoup moins faire tort à ses enfants », et qu'en conséquence, ceux-ci ne doivent jamais souffrir de la renonciation. Mais est-il bien certain que l'intérêt des enfants, c'est-à-dire d'une seule famille, doive l'emporter sur l'intérêt des créanciers, c'est-à-dire l'intérêt général ? Le Code Napoléon et l'ancien droit ne l'ont pas jugé de cette façon ; et en obligeant toujours les héritiers au payement des dettes, au moins *intra vires successionis*, ils ont précisément voulu empêcher qu'un patrimoine passât des mains d'une personne dans les mains d'une autre, au détriment des créanciers de la première : *Bona non intelliguntur nisi deducto œre alieno.*

Et c'est avec raison que les choses sont ainsi établies. La société tout entière est intéressée à ce que chacun de ses membres soit protégé contre la mauvaise foi, et à ce que chacun puisse trouver facilement un crédit qu'il obtiendra d'autant plus aisément que la fraude de sa part sera moins praticable. Ainsi les enfants ont eux-mêmes intérêt à ce que leur père ne renonce pas à une succession au préjudice de ses créanciers, ce qu'il serait tenté de faire s'il savait que, par l'effet de sa renonciation, ses enfants doivent succéder à sa place. Car bien que les créanciers, en invoquant les art. 788 et 1167, puissent attaquer la renonciation faite à leur préjudice et la faire révoquer, néanmoins toute poursuite judiciaire entraîne avec elle de si grands inconvénients que l'on doit s'efforcer de les prévenir, en diminuant autant que possible le nombre des événements qui peuvent lui donner naissance.

III. — *On ne peut représenter que les personnes qui auraient été appelées à la succession du DE CUJUS, si elles lui avaient survécu*. Telle est la troisième et dernière règle générale, qu'il reste maintenant à examiner.

Il a été dit, dans l'étude sur l'art. 744, que l'on peut représenter les personnes mortes naturellement. N'en concluons pas, cependant, que toute personne indistinctement peut être représentée après sa mort, et qu'il n'y a pas lieu de s'enquérir d'aucune autre condition du chef de la personne représentée. Puisqu'aux termes de l'art. 739, l'effet de la représentation est de faire entrer le représentant dans le degré et dans les droits du représenté, il est bien évident qu'on ne pourrait rien prétendre dans une succession, en représentant un individu qui n'aurait eu aucun droit à cette succession, s'il eût vécu au moment où elle s'est ouverte ; la représentation se trouverait absolument sans objet.

Telle est la conséquence qui avait déjà été déduite du texte de la Novelle 118. Il porte, on le sait, que le représentant doit avoir la même part que la personne représentée, *tantam ex hæreditate portionem, quantam eorum parens futurus esset accipere si superstes fuisset*. Si donc le représenté n'eût rien dû avoir dans la succession, le représentant ne peut non plus prétendre à rien.

Mais peut-on opposer au représentant, pour l'empêcher de venir par représentation, toutes les incapacités que l'on aurait pu opposer au représenté lui-même, s'il eût survécu, pour l'empêcher de succéder de son chef?

Dans l'ancien droit, les auteurs qui ont écrit sur cette matière distinguaient deux sortes d'incapacités : les unes absolues, qui naissaient en quelque sorte avec les personnes qu'elles affectaient; les autres purement accidentelles, provenant de causes amenées par des événements qui auraient pu ne pas arriver. Les premières, appelées aussi originaires, pouvaient être opposées aux représentants; les secondes, au contraire, ne faisaient pas obstacle à la représentation.

A la classe des incapacités absolues, originaires et perpétuelles, appartenaient celles résultant du sexe ou de la qualité d'étranger. *Du sexe :* c'est ainsi que les enfants des filles ne pouvaient, pas plus que celles-ci, venir à la succession des fiefs : *Ad filias vel ex filia nepotes successio feudi non pertinet.* (*Libri feudorum*, tit. *de succes. fratr.*) L'art. 248 de la Coutume de Normandie contenait une disposition semblable pour la succession des propres.

De la qualité d'étranger : un Anglais, par exemple, naturalisé en France, y mourait pendant une guerre (car en temps de paix le droit de successibilité réciproque existait entre les Français et les Anglais), laissant pour parents un frère et des neveux, comme lui naturalisés Français. Ces derniers ne pouvaient pas venir à la succession de leur oncle par représentation de leur père, si celui-ci avait conservé sa nationalité, parce que l'incapacité résultant de ce fait n'était pas accidentelle, mais originaire et perpétuelle.

Étaient, au contraire, purement accidentelles les incapacités résultant soit de la profession religieuse, soit de la condamnation à une peine emportant mort civile, ou bien encore de l'exhérédation, et aussi, du moins suivant certains auteurs, de l'indignité.

Mais c'était une question controversée que celle de savoir si l'exclusion coutumière ou contractuelle des filles mariées et apanagées constituait une incapacité absolue ou simplement accidentelle. Dumoulin, Favre, Bouhier, et plusieurs autres, ne voyaient là qu'une incapacité purement relative à la fille elle-même et qui n'était pas opposable à ses enfants. « *Hoc casu,* disait Dumoulin, en parlant de l'exclusion contractuelle, *factum matris filios non ligat, quia mater non potuit renunciare pro filiis, sed pro se tantum, nec jurare pro filiis sed pro se. Et satis est si exclusio conventionalis potuit operari in casum quo filia supervixit* » (sur l'art. 123 de la Coutume de Paris). Mais la plupart des auteurs, tout en convenant qu'en réalité l'exclusion d'une fille mariée ne formait qu'une incapacité accidentelle et relative, soutenaient néanmoins que les filles, dans ce cas, ne pouvaient pas être représentées par leurs enfants, par cette raison particulière que l'exclusion n'ayant été introduite que pour favoriser la ligne masculine des frères de la fille, elle ne pouvait cesser, soit dans la personne de la fille, soit dans celle de ses enfants, que par l'extinction entière de cette ligne. Pothier, après avoir exposé cette opinion, ajoute que des arrêts avaient fixé en ce sens la jurisprudence (*Des succes.*, ch. II, sect. I, art. 1, § 2).

De nos jours, où le nombre des incapacités est de beaucoup réduit, la question offre moins d'importance que dans l'ancien droit. Elle en a conservé assez, cependant, pour faire regretter le silence absolu du Code Napoléon sur la distinction des incapacités en absolues et en accidentelles ; il serait difficile de dire, d'après le seul examen des textes, s'il a entendu l'admettre ou la rejeter. Cette distinction, toutefois, quand on l'examine dans son fondement et dans ses motifs, est si rationnelle et équitable qu'il paraît impossible de la rejeter. Recherchons, en effet, la nature et le caractère distinctif de chacune des deux classes d'incapacités admises dans l'ancien droit; et cette étude prouvera qu'alors même que la distinction entre les incapacités n'a pas été formulée, elles n'en doivent pas moins produire des effets différents.

Il peut arriver que la personne qui a prédécédé le *de cujus* n'eût point du tout été appelée à la succession, si elle eût survécu. Il n'y aurait eu pour elle ni droit ni degré, et aux yeux de la loi elle eût été considérée comme n'existant pas. On ne comprendrait pas dès lors comment son prédécès pourrait fournir à un autre le moyen de venir remplir une place qui n'existe pas. La base essentielle de la représentation fait donc ici complétement défaut; et on ne saurait l'admettre sans inconséquence, *ne plus juris sit in causa quam in influente potentia causæ*, comme disaient les anciens auteurs.

Telle est l'incapacité absolue et qui passe dans la personne des enfants. Mais hâtons-nous de dire que si théoriquement elle existe, et si elle peut exister en fait, elle ne se trouve plus du moins dans nos lois. Elle s'y trouvait avant la loi du 14 juillet 1819 : il pouvait se faire qu'un étranger n'eût pas le droit de succéder en France ; n'ayant ni vocation, ni espérance héréditaire d'aucune sorte, son prédécès ne pouvait en faire naître au profit de ses enfants. Mais à présent les étrangers sont appelés, en France, à une succession, comme les Français eux-mêmes : il n'y a donc plus lieu de s'occuper de cette hypothèse.

Comme conséquences de la règle que l'on ne peut pas représenter celui qui n'aurait eu absolument aucune vocation à la succession, s'il eût vécu lorsqu'elle s'est ouverte, des auteurs énoncent les deux propositions suivantes :

1° On ne peut représenter celui qui n'était pas encore conçu lors de l'ouverture de la succession du *de cujus* ;

2° On ne peut représenter celui qui n'est pas né viable (Chabot, sur l'art. 744; Demolombe, *des succ.* T. I, n° 411).

Mais il ne peut pas être question de prédécès pour celui qui n'était pas encore conçu au moment de l'ouverture de la succession du *de cujus* : et dès lors comment parler de représentation ? Quant à celui qui n'est pas né viable, qui donc pourrait avoir la prétention de le représenter ?

Bien qu'il n'y ait plus d'incapacités absolues, il était cependant nécessaire d'en parler. L'étude des caractères de ce premier terme de la distinction nous aidera à déterminer ce qui caractérise le second.

Nous venons de dire que le prédécédé pouvait n'avoir aucune vocation, aucune espérance héréditaire. Il peut aussi être appelé à la succession, mais se voir repoussé par une exclusion particulière. Telle est l'incapacité accidentelle et relative. Dans ce cas, en effet, il y a bien véritablement un degré à occuper ; il y a des droits héréditaires ; et parce qu'un héritier ne peut pas occuper cette place et exercer ces droits, ce n'est pas une raison pour qu'un autre ne le puisse pas à sa place. Du moment qu'il y a des droits héréditaires à recueillir, il suffit, pour qu'ils puissent être recueillis, qu'il y ait un héritier capable et non indigne. Or, du représentant et du représenté, quel est celui qui est héritier ? Le représentant évidemment; et, lorsqu'on dit que la représentation consiste à faire revivre le représenté dans la personne du représentant, il ne faut pas prendre cette maxime à la lettre. Voici comment elle doit être entendue : le petit-fils ne peut venir à la succession de son aïeul, en concours avec ses oncles ou tantes, qu'autant qu'il peut occuper une place à laquelle son auteur avait vocation; mais une fois parvenu à cette place, c'est lui seul qui est héritier, c'est en lui seul que doivent exister les qualités requises pour succéder. Il n'y a donc pas à considérer si le représenté, dans le cas où il serait venu lui-même, aurait pu être écarté par un vice à lui relatif et personnel. Ces sortes de vices n'empêchent pas que celui qui en est atteint ne soit appelé à la succession, et qu'il y ait une place et un degré : *personam afficiunt et inficiunt, sed non inficiunt gradum* (Guyné, p. 158). *Quod si incapacitas,* disait Someren, *non sit originaria aut perpetua, sed ex accidenti obveniat, repræsentatio nihilominus obtinebit ; vitium aliunde obortum vel extrinsecum per mortem evanescit, et ad casum habilitatis causa redit : personam gradumque patris nepos repræsentat, non fortuitas aut temporarias qualitates, sufficit jus successionis hic et in potentia competiisse* (ch. XIV, n°s 9 et 10). Ce passage résume d'une façon juste et expressive tout ce que l'on peut dire sur les incapacités accidentelles.

Ces incapacités, purement relatives à la personne représentée, sont très-rares, à présent, dans notre droit. Nous ne connaissons plus les exhérédations, ni les exclusions coutumières ou contractuelles; et la profession religieuse n'est pas une cause d'exclusion d'une succession. Quant à la mort civile, que l'ancien droit rangeait parmi les incapacités accidentelles, ce n'était, en réalité, ni une incapacité relative, ni une incapacité absolue : c'était la mort; et le mort civilement pouvait être représenté, même avant la fin de son existence naturelle.

On peut citer encore l'indignité. Ce point, toutefois, ne laisse pas que d'être fort débattu.

« Les enfants de l'indigne venant à la succession de « leur chef et sans le secours de la représentation ne « sont pas exclus pour la faute de leur père », dit l'art. 730.

Cet article prévoit deux hypothèses : celle où les enfants de l'indigne viennent à la succession de leur chef, et celle où ils n'y pourraient venir qu'avec le secours de la représentation. Dans la première, les enfants ne doivent pas être exclus pour la faute de leur père. Ainsi se trouve abrogée la doctrine consacrée, dans l'ancien droit, par des arrêts [1] et enseignée par les jurisconsultes les plus accrédités, suivant laquelle les enfants de l'indigne étaient eux-mêmes directement exclus, et perdaient, par l'indignité de leur père, toute vocation héréditaire propre et personnelle : « il n'est pas

1. Entre autres, par l'arrêt célèbre rendu le 13 mai 1663, connu sous le nom d'*arrêt de la Morineau*.

juste, disait Lebrun, que la branche qui a porté le venin sur sa tige ait droit d'en attendre quelque subsistance, et que cette tige ainsi morte et éteinte doive encore substanter le rameau qui l'a fait mourir. » (L. III, ch. IX, n° 1). Ainsi se trouve établi, en cette matière, le principe de la personnalité de la peine.

Mais il semble résulter du texte de l'art. 730 que, dans la seconde hypothèse, lorsque les enfants, pour succéder, ont besoin du secours de la représentation, ils doivent toujours être exclus de la succession. Il n'en est rien cependant. Voici comment doit être entendu cet article : les enfants de l'indigne ne sont pas exclus pour la faute de leur père, lorsqu'ils peuvent venir de leur chef ; mais s'ils ne peuvent pas venir de leur chef, il ne saurait être question pour eux de représentation, et ceci par une raison bien simple, c'est que leur père est vivant et qu'on ne représente pas les personnes vivantes. Lorsque le père, après avoir porté contre le *de cujus* une accusation capitale jugée calomnieuse, ou après avoir tenté de lui donner la mort, vient à prédécéder, rien n'empêchera ses enfants de venir par représentation, conformément aux principes généraux en cette matière. Mais ce n'est pas cette hypothèse que prévoit l'art. 730 ; et la preuve qu'il suppose l'indigne vivant se trouve précisément dans l'emploi de ce mot *indigne*.

L'indignité, en effet, ne peut pas être encourue lorsque le parent qui a commis l'un des faits auxquels la loi l'attache, est décédé avant l'ouverture de la succession de celui envers lequel il s'était rendu coupable. Pour pouvoir être un héritier indigne, il faut nécessairement d'abord être héritier : *prius oportet esse quam esse tale.*

On a fait toutefois plusieurs objections contre cette interprétation de l'art. 730.

1° Et d'abord, a-t-on dit, sans tenir compte du sens précis du mot indigne, puisque, aux termes de l'article 744, on ne représente pas les personnes vivantes, il est évident que l'art. 730 entend parler d'une personne décédée avant le *de cujus*. Autrement sa disposition serait complétement inutile, puisqu'elle ne serait qu'une application du principe général. Il est bien évident que les enfants de l'indigne ne peuvent pas venir par représentation dans un cas où les enfants de celui qui n'est pas indigne ne le peuvent pas eux-mêmes : l'art. 730 prévoit donc l'hypothèse où la représentation est possible, d'après le droit commun, c'est-à-dire le prédécès du père, et fait connaître que le droit commun n'est pas applicable aux enfants de l'indigne.

Cette objection n'est rien moins que décisive. Sans doute, l'explication que nous avons donnée rend ces mots : *sans le secours de la représentation*, inutiles, si toutefois il est inutile de répéter un principe important et d'appliquer une règle à un cas particulier. Mais il vaut mieux reconnaître dans la loi un texte inutile qu'une disposition contraire à l'équité et aux principes. Est-ce d'ailleurs le seul exemple de disposition superflue ? L'art. 787, pour ne pas sortir de la représentation, dispose qu'*on ne vient jamais par représentation d'un héritier qui a renoncé* : ainsi voilà un texte rédigé tout exprès pour proclamer la conséquence d'un article écrit antérieurement (l'art. 744) ; comment s'étonner de trouver dans l'art. 730 une autre application de ce même principe qui n'était pas encore spécialement formulé?

Il est probable que ces mots : *sans le secours de la représentation*, auront été inspirés aux rédacteurs du Code Napoléon par cette phrase de Pothier : « C'est pourquoi on doit décider que les enfants de l'indigne ne peuvent succéder par représentation lorsqu'il est vivant, mais qu'ils le peuvent lorsqu'il est prédécédé » (*Des success.*, ch. II, sect. I, § 2). Il faut reconnaître pourtant que la parfaite clarté de ce texte n'est pas reproduite dans la rédaction de l'art. 730.

2° Autre objection : c'est dans les travaux préparatoires qu'il faut rechercher la véritable pensée du législateur quand elle ne ressort pas avec évidence du texte de la loi. Or, M. Siméon disait formellement au Corps législatif que l'indignité ne nuit point aux enfants lorsqu'ils peuvent arriver à la succession de leur chef et sans représenter l'odieuse tête de leur père ; ce n'est donc pas parce que leur père est vivant qu'on leur refuse le droit de le représenter, mais afin qu'ils ne représentent pas sa tête odieuse. Dès lors, qu'importe que leur père soit mort ou vivant ? Dans l'un comme dans l'autre cas, sa tête odieuse ne peut pas être représentée (Mourlon, t. II, p. 33). A cette objection on peut répondre que les travaux préparatoires offrent plus d'un exemple d'opinions entièrement personnelles à celui qui les a émises ; et il y a lieu de les considérer comme personnelles lorsque, comme dans le cas qui nous occupe, elles sont contraires à l'équité et aux principes généraux.

3° Après tout, disent les adversaires du système que

nous soutenons, quel que soit le sens de l'art. 730, peu importe : le représentant ne peut succéder qu'en invoquant les droits du représenté ; or, si celui-ci eût survécu au *de cujus*, il n'aurait pas eu de droit. Ainsi la première objection portait sur le point de savoir si la loi n'avait pas rangé expressément l'indignité parmi les incapacités absolues ; d'après celle-ci et celle que nous indiquerons ensuite, l'indignité, par sa nature même et indépendamment de toute disposition législative, ne peut pas être considérée comme une incapacité relative. Mais il est faux de dire que si le représenté eût survécu au *de cujus*, il n'aurait pas eu de droit. Il eût été appelé à la succession, au contraire ; il eût été investi des droits héréditaires ; et ce n'est qu'après en avoir été investi qu'il eût été déclaré indigne et dépouillé de la part qui devait lui revenir : *indignus potest capere, non retinere,* disait Cujas. Les enfants de l'indigne peuvent donc invoquer les droits qu'il aurait eus ; et ces droits, ils les conservent s'il n'existe en eux-mêmes aucune cause d'indignité.

4° Enfin, de l'art. 848, qui ordonne aux représentants le rapport des choses que leur père avait reçues du *de cujus* à titre de libéralité, on veut conclure que les représentants doivent subir toutes les résolutions qu'aurait subies le représenté, et que, par conséquent, ils doivent perdre la succession que le représenté lui-même n'aurait pas pu conserver.

Mais c'est oublier qu'il faut excepter des résolutions auxquelles sont exposés les représentants, celles que le représenté n'eût subies qu'à titre de peine. Les peines ne tombent pas sur d'autres que les coupables :

Peccata suos teneant auctores; nec ulterius progrediatur metus, quam reperiatur delictum (L. 22, C. de pœnis).

L'indignité est donc, dans notre droit actuel, un exemple d'incapacité relative. Il en est encore une autre : celle qui, d'après le décret du 26 août 1811, empêche le Français naturalisé en pays étrangers, sans autorisation, de recueillir une succession en France. Avant la loi du 14 juillet 1819, on pouvait objecter que la qualité d'étranger constituait plutôt une incapacité absolue qui supprimait le degré lui-même, qu'une incapacité relative qui empêchait seulement de remplir le degré. Mais à présent que les étrangers peuvent succéder en France, comme les Français eux-mêmes, la question ne peut plus faire de doute. Il est certain que ce n'est pas par suite de sa qualité d'étranger que le Français naturalisé sans autorisation ne peut pas succéder en France, mais simplement par l'effet d'une incapacité particulière et tout-à-fait personnelle, qui ne peut, par conséquent, faire obstacle à la représentation.

CHAPITRE III.

DANS QUELS CAS OU EN FAVEUR DE QUELS HÉRITIERS LA REPRÉSENTATION EST ADMISE.

On sait quelles divergences existaient entre les coutumes, sur le point de savoir quels héritiers devaient être admis au bénéfice de la représentation. Pour ramener, sur ce sujet, la législation à des règles uniformes, les rédacteurs du code Napoléon se sont laissé guider par les mêmes principes qui leur avaient servi à établir l'ordre général des successions, et ils ont choisi entre le droit écrit et les divers usages des pays coutumiers ce qui était le plus conforme à la nature et à la présomption de la volonté du défunt.

Le droit de représentation est donc accordé à certains parents qui sont présumés avoir succédé, dans le cœur du *de cujus*, à toute l'affection qu'il avait pour un autre parent prédécédé. Telle est la règle fondamentale en notre matière ; voici les conséquences qui en ont été déduites :

1° La représentation a lieu dans l'ordre des descendants (art. 740); à moins de rejeter complétement la représentation, comme le faisaient certaines coutumes, est-ce que cette faveur peut être refusée à la ligne directe descendante ? L'aïeul aime ses petits-enfants comme il aimait son fils ; ils ont dans son cœur la même place que leur père y occupait ; ils doivent avoir aussi les mêmes droits dans sa succession. Cette succession du reste, du moins en partie, devait régulièrement revenir aux petits-enfants, après avoir passé par les mains de leur père ; il était donc tout à fait équitable de réparer, au moyen de la représentation, le tort certain que la mort prématurée de l'un des enfants avait ainsi causé à sa branche. Treilhard, dans son rapport au Corps législatif, n'hésitait pas à qualifier d'impie et contre nature la loi qui exclurait la représentation en ligne directe descendante.

2° La représentation a lieu également dans l'ordre des collatéraux appelés privilégiés, c'est-à-dire des frères et sœurs (art. 742). L'homme qui n'a pas d'enfant, et qui perd un frère qu'il aimait, reporte naturellement son affection sur les enfants de ce frère. « Imitant la nature qui a établi une succession d'amour et de tendresse entre les frères et leurs descendants, la loi doit donc aussi établir entre eux la succession de biens » (Chabot, rapport au Tribunat).

Mais la représentation n'est pas admise dans l'ordre des ascendants, ni dans l'ordre des collatéraux autres que frères ou sœurs.

1° *Ascendants.* — « La représentation n'a pas lieu en « faveur des ascendants, dit l'article 741. » Quoique M. Duranton ne s'explique pas la raison de ce texte, il nous paraît fondé sur la nature même des choses : d'une part, les affections ne remontent pas comme elles descendent, et l'aïeul prend moins facilement la place du père dans les affections du petit-fils, que le petit-fils ne prend celle de l'enfant dans le cœur de l'aïeul ; d'autre part, la succession du descendant ne devait pas normalement être recueillie par l'ascendant : celui-ci n'a donc vu s'évanouir aucune espérance de transmission héréditaire par la mort prématurée de son enfant. « La successibilité des descendants, disait le tribun Siméon devant le Corps législatif, est autant naturelle que légitime ; mais celle des ascendants est contraire à la marche ordinaire des événements ; on croit voir un fleuve remonter vers sa source ; l'ordre de la nature est troublé ; il n'y aura donc pas de représentation pour ce cas extraordinaire. »

Ces considérations sont tellement décisives que la représentation n'a été admise par aucune des législations antérieures : le droit romain la proscrivait formellement ; les Coutumes, si peu semblables d'ailleurs, étaient toutes d'accord sur ce point ; et enfin, dans le droit intermédiaire, l'art. 73 de la loi du 17 nivôse, an II, en disposant que *les ascendants succédaient toujours par tête*, leur avait refusé par cela même le bénéfice de la représentation.

Ainsi, un ascendant d'un degré plus éloigné ne peut pas venir à la succession de son descendant, par représentation d'un ascendant d'un degré plus proche. Si, par exemple, le défunt a laissé un aïeul et un neveu, l'aïeul ne pourra pas venir à la succession de son petit-fils, par représentation de son fils, à l'effet de recueillir le quart que la loi accorde à celui-ci en pareil cas, mais il sera exclu par le neveu, aux termes de l'art. 750, qui n'admet que les père et mère à concourir avec les frères et sœurs ou leurs descendants.

Ainsi encore, les ascendants ne peuvent point être représentés dans la succession de leur descendant par d'autres descendants à eux, parents collatéraux du défunt ; en d'autres termes, ce n'est pas parce qu'ils viennent par représentation d'un ascendant plus proche, du père ou de la mère, que les frères ou sœurs ou leurs descendants excluent les aïeux dans la succession d'une personne qui n'a laissé que des frères ou sœurs, ou descendants d'eux, et des ascendants autres que le père ou la mère ; c'est en vertu d'une vocation directe et personnelle. La preuve en est dans ce fait que les collatéraux dont nous parlons peuvent venir en concours avec les père et mère eux-mêmes.

Mais de ce que la représentation n'est point admise

dans la ligne directe ascendante, il ne faudrait pas conclure que les ascendants soient toujours appelés entre eux à succéder suivant la proximité de leurs degrés de parenté avec le défunt, et qu'en conséquence, les plus proches excluent toujours les plus éloignés. Aux termes mêmes de l'art. 741, ce n'est que dans chacune des deux lignes que l'ascendant le plus proche exclut le plus éloigné.

Ce texte n'est que la reproduction de la règle établie par l'art. 733. « Toute succession, dit cet article, échue à des ascendants ou à des collatéraux se divise en deux parts égales : l'une pour les parents de la ligne paternelle, l'autre pour les parents de la ligne maternelle...; il ne se fait aucune dévolution d'une ligne à l'autre que lorsqu'il ne se trouve aucun ascendant ni collatéral de l'une des deux lignes. » C'est le système de *fente* qui a remplacé dans notre droit actuel celui qui était en vigueur dans l'ancien droit, et que l'on formulait ainsi : *paterna paternis, materna maternis.*

Le droit romain présentait, on le sait, quelque analogie avec l'art. 733. Entre plusieurs ascendants au même degré, la succession, au lieu d'être partagée par tête, se divisait par moitié entre les deux lignes, quel que fût le nombre des héritiers qui se trouvaient de l'un ou de l'autre côté. Mais, comme il a déjà été remarqué à propos de ce passage de la Novelle 118, il ne faut pas confondre le partage par moitié entre les deux lignes avec la représentation. Cette confusion a été faite néanmoins par plusieurs auteurs modernes. « La maxime que la représentation n'a pas lieu en faveur des ascendants, dit Toullier, n'est vraie que lorsqu'il s'agit de la subdivision des biens dans chacune des lignes.... La division des biens par ligne est une vraie représentation; elle en a tous les effets (*Des succ.*, nº 194. — Voir aussi Chabot, sur l'art. 742, nº 2).

Il est vrai que le partage par ligne, tel que l'a organisé le Code Napoléon, produit deux des effets de la représentation : il empêche l'exclusion des ascendants d'une ligne par l'ascendant plus proche de l'autre ligne, et le partage se fait par souche, au lieu de se faire par tête. Mais là s'arrête la ressemblance ; et alors que le représentant est tenu de rapporter ce qui a été donné au représenté par le défunt, l'ascendant ne rapporte que ce qui lui a été donné à lui-même par le *de cujus,* et nullement ce qui aurait pu être donné à un ascendant d'un degré plus rapproché. C'est donc bien de son chef et non par représentation que l'ascendant vient à la succession de son descendant.

2º *Collatéraux autres que frères et sœurs.* — Il résulte de l'art. 742, *a contrario,* que ces collatéraux ne peuvent invoquer le bénéfice de la représentation. Et c'est avec raison que le Code Napoléon, à l'exemple de la Coutume de Paris et de plusieurs autres, s'est séparé, sur ce point, de celles qui admettaient la représentation illimitée et dans toutes les branches, en ligne collatérale. La loi du 17 nivôse an II avait aussi démesurément étendu le droit de représentation. Mais n'est-ce pas aller contre la nature et la vérité, tout au moins contre la présomption la plus raisonnable, que d'étendre ainsi la représentation à tous les parents collatéraux sans distinction ? La présomption d'affection s'affaiblit et finit par disparaître, dans la ligne collatérale, à mesure que les degrés se multiplient et s'éloignent ; et on ne saurait dire que, suivant le cours ordinaire des choses, l'enfant d'un cousin prend dans les affections du cousin survivant la place de son auteur. « Gardons-nous, disait Chabot de l'Allier au Tribunat, gardons-nous de rompre trop vite par nos institutions les liens qui unissent les familles; cette union fait le bonheur des États... Mais aussi la loi ne doit pas aller plus loin que la nature elle-même, et supposer des affections égales lorsque réellement elles n'existent pas. »

Si le projet de Code civil avait admis la représentation en faveur des enfants au premier degré de cousins germains prédécédés, lorsqu'ils se trouvaient en présence d'autres cousins germains, cette disposition, inspirée sans doute par le principe écrit dans la loi du 17 nivôse an II, fut rejetée par le Conseil d'État (Fenet, t. XII, p. 20 et 21).

Dans les deux classes où la représentation est admise, elle est admise *à l'infini*. « La représentation a lieu *à l'infini* dans la ligne directe descendante, » dit l'art. 740; et l'art. 742 exprime la même idée en d'autres termes, en disant que : « en ligne collatérale, la représentation est « admise en faveur des *enfants* ou *descendants* de frères « ou de sœurs du défunt. »

Ainsi, non-seulement les héritiers du second degré sont autorisés à représenter ceux du premier, mais les héritiers du troisième sont admis à représenter ceux du second, et, par ce moyen, ceux du premier, et ainsi de suite. Mais la représentation doit être immédiate; le représentant monte du degré inférieur au degré *immédiatement* supérieur, sans qu'il lui soit permis de franchir un degré intermédiaire pour arriver au degré le plus éloigné. Ainsi lorsqu'un homme meurt laissant un fils et un petit-fils né d'un enfant prédécédé et qui a lui-même des enfants, ces derniers, si leur père renonce, ne pourront pas venir à la succession de leur bisaïeul, en concours avec leur grand-oncle, par représentation de leur aïeul, parce qu'il leur faudrait d'abord représenter leur père, et que l'on ne représente pas les personnes vivantes. Tel est le sens de cette ancienne règle qu'on ne représente pas *per saltum et omisso medio* (V. Lebrun, L. I, ch. III, n° 12).

Le principe que *la représentation a lieu à l'infini* est fort ancien pour la ligne directe, et jamais, ni dans le droit romain, ni dans les Coutumes qui admettaient la représentation, on n'a songé à contester l'évidente équité de cette disposition. Il est dans la nature, en effet, que l'affection de l'homme s'étende à tous ses descendants, et qu'elle les suive dans les degrés les plus éloignés; toujours ceux qui survivent remplacent ceux qui sont décédés; ils sont toujours les enfants, la postérité.

Mais en ligne collatérale pour les descendants des frères et sœurs, la question avait été, au contraire, diversement résolue ; elle offrait un peu plus de difficulté. C'est avec raison, toutefois, que le Code Napoléon n'a pas limité, comme l'avaient fait la Novelle 118 et plusieurs Coutumes, la représentation aux neveux et nièces du *de cujus* ; les mêmes motifs de convenance et d'affection invoqués pour les neveux peuvent l'être également pour les petits-neveux et arrière-petits-neveux.

Les descendants des frères et sœurs sont, par rapport

à un homme sans enfants, l'image de la famille qui lui manque ; ils sont, comme l'a dit M. Berlier, « le tableau vivant qui lui rappelle tous ses frères » (Fenet, t. XII, p. 20) ; et ils forment, suivant l'expression de M. Delvincourt, « sa descendance collatérale ».

C'est encore une règle commune aux deux classes d'héritiers qui peuvent venir par représentation, que la représentation a lieu dans tous les cas. Elle a lieu :

Soit que le défunt ait laissé un ou plusieurs enfants au premier degré et des descendants d'un ou de plusieurs enfants prédécédés ;

Soit que tous les enfants du premier degré étant prédécédés, leurs descendants se trouvent, entre eux, à des degrés égaux ;

Soit enfin que tous les enfants du premier degré étant prédécédés, leurs descendants se trouvent à des degrés inégaux (art. 740 et 742).

Cette règle tranche une controverse agitée autrefois tant pour la représentation en ligne directe, que pour la représentation en ligne collatérale. Les jurisconsultes avaient mis en question si le partage devait s'opérer par souche ou par tête, lorsque plusieurs descendants de différentes branches se présentaient en degré égal à la succession du *de cujus*. Ce fut le sujet de la fameuse discussion entre Azon et Accurse, déjà examinée dans ce travail à propos de la Novelle 118 à laquelle elle se rapporte.

Inutile d'y revenir. Il suffit de rappeler que le partage par souche avait prévalu en ligne directe, et le partage par tête en ligne collatérale. La trace de ces controverses se retrouve dans le projet du Code. L'article 26 admettait la représentation en ligne collatérale *si le défunt laissait des frères ou sœurs et des neveux ou nièces*, et la rejetait par conséquent, si les neveux ou nièces succédaient seuls en égal degré (Fenet, t. XII, p. 17). Mais la discussion fit changer cette rédaction, et les art. 740 et 742 confirmèrent le partage par souche pour les descendants des fils ou filles, et l'établirent pour les descendants des frères ou sœurs, lorsqu'ils viennent seuls en égal degré.

D'après la Novelle 118, les frères et sœurs germains ou leurs enfants excluaient les frères et sœurs utérins ou consanguins. L'art. 742, au contraire, admet la représentation en faveur des enfants et des descendants des frères et sœurs du défunt, sans établir aucune distinction entre eux, sans exclure les descendants des frères et sœurs utérins ou consanguins. C'est une application de l'art. 733, aux termes duquel les parents utérins ou consanguins ne sont plus exclus par les germains : seulement ils ne prennent part que dans leur ligne, alors que les germains prennent part dans les deux lignes, et ceci est également applicable à la représentation.

Nous connaissons à présent les héritiers qui peuvent invoquer le bénéfice de la représentation. Mais il importe de remarquer que ce bénéfice n'est accordé que pour les successions *ab intestat*, et nullement pour les successions testamentaires. « Toute disposition testamentaire sera caduque, si celui en faveur de qui elle est faite n'a pas survécu au testateur », dit l'art. 1039.

La représentation, en effet, comme tout le système de succession organisé par la loi, est fondée sur la présomption de la volonté du *de cujus*. Celui-ci peut manifester une volonté contraire à cette présomption ; mais, lorsqu'il le fait, il ne faut pas étendre au delà des termes de la disposition ce changement qu'il apporte à l'ordre ordinaire des choses. Une libéralité est essentiellement personnelle, comme l'affection qui l'inspire ; faite *intuitu personæ*, elle ne doit s'ouvrir qu'au profit de celui-là même qui en est l'objet exclusif.

Ce n'est donc, sauf le cas de substitution vulgaire, que du chef de leur auteur, et après qu'il l'a recueilli, que les héritiers d'un légataire prédécédé peuvent profiter du legs qui lui a été fait.

Les mêmes considérations s'appliquent aux libéralités entre-vifs. Il est vrai qu'en principe, la donation saisissant actuellement le donataire, il n'est pas nécessaire qu'il survive au donateur pour transmettre à ses héritiers la chose donnée. Mais il est un cas néanmoins où la libéralité entre-vifs se trouve soumise à une condition de survie : en matière d'institution contractuelle, en effet, le donataire ne recueille la donation qu'à la mort du donateur. S'il prédécède, ses enfants, ceux qui sont nés du mariage en faveur duquel la donation a été faite, la recueilleront à sa place, à moins de clause contraire, et aussi ses petits-enfants nés de fils ou de filles prédécédées (art. 1082). Or, comment ces derniers seront-ils appelés ? Les auteurs sont d'accord pour dire que, bien qu'ils ne soient qu'au deuxième ou au troisième degré, ou même à un degré plus éloigné, ils n'en viendront pas moins partager le bénéfice de l'institution avec les enfants survivants, s'il y en a, quoique ceux-ci soient au premier degré, et que, dans ce cas, le partage devra être fait non point par tête, mais par souche. Mais n'est-ce pas là la représentation? On ne saurait nier que les effets en soient produits; mais ce que nous avons dit précédemment n'en subsiste pas moins. Dans cette espèce de libéralité, en effet, *libéralité amphibie*, comme l'appelait Furgole, il se passe quelque chose d'analogue à ce qui existe dans la succession légitime : la loi présume que, même dans le cas où il ne l'a pas formellement exprimé, l'instituant a voulu faire profiter de la donation les enfants et descendants de l'institué et qu'il a voulu fonder, en quelque sorte, le patrimoine futur de la famille qui allait se former. Il peut, il est vrai, manifester une volonté contraire à cette présomption; mais, du moment qu'il s'y conforme, n'est-ce pas reconnaître sa véritable intention que de soumettre la dévolution de la succession contractuelle qu'il a établie aux mêmes règles qui gouvernent la dévolution de la succession légitime? (V. Demo., *D. nat. et test.*, t. V, p. 328; — Zachariæ, Aubry et Rau, t. VI, p. 270.)

C'est une pensée du même genre qui, dans les libéralités entre-vifs ou testamentaires que l'on appelle *substitutions permises*, a inspiré l'article 1051 : « Si le grevé de restitution au profit de ses enfants meurt, laissant des enfants au premier degré et des descendants d'un enfant prédécédé, ces derniers recueilleront, *par représentation*, la portion de l'enfant décédé. » Telle est la conséquence du principe que la substitution doit être l'image de l'hérédité *ab intestat* et en assurer la transmission.

Pourtant, l'ordonnance de 1747 sur les substitutions

déclarait que *ceux qui sont appelés à une substitution, et dont le droit n'aura pas été ouvert avant leur décès, ne pourront, en aucun cas, être censés en avoir transmis l'espérance à leurs enfants ou descendants* (tit. I, art. 20). Cela tenait à la pensée même qui inspirait, dans l'ancien droit, les substitutions fidéicommissaires. Moins il y avait d'appelés, plus le dessein du législateur de concentrer le bénéfice de la substitution sur le plus petit nombre de têtes possible, se trouvait favorisé. Ainsi, l'on comprend que la représentation ne fût pas admise; à moins, pourtant, que le disposant n'eût ordonné *que la substitution fût déférée suivant l'ordre des successions légitimes.* Mais ce qui n'était autrefois que l'exception est devenu aujourd'hui la règle : c'est toujours d'après l'ordre des successions *ab intestat* que la substitution permise doit être déférée. Le législateur suppose de plein droit que telle est la volonté du disposant, et il en déduit les conséquences. Or, pour que la substitution se répartisse également entre les appelés, il faut que ceux-ci puissent être représentés par leurs descendants. Mais, comme dans les dispositions à titre gratuit, la représentation est d'exception, il ne faut pas l'étendre au delà des limites dans lesquelles elle a été admise. Si donc le grevé ne laisse pas d'enfants au premier degré, mais seulement des descendants d'enfants prédécédés, l'art. 1051 n'est plus applicable; la substitution est caduque, et les descendants ne peuvent plus prétendre aux biens qu'elle comprenait qu'en qualité d'héritiers et selon les règles du droit commun.

Ainsi, malgré les deux hypothèses où la représentation a lieu dans des dispositions à titre gratuit, il est vrai de dire que cette institution n'est admise que pour les successions *ab intestat*, car ces hypothèses, tout à fait exceptionnelles, s'expliquent précisément par leur analogie avec la succession légitime. Mais ce n'est pas seulement dans les successions régulières que nous trouvons la représentation ; elle a été également introduite dans les successions irrégulières.

« En cas de prédécès de l'enfant naturel, dit l'art. 759, ses enfants ou descendants peuvent réclamer les droits fixés par les articles précédents... » c'est-à-dire le tiers, la moitié ou les trois quarts de la portion héréditaire que l'enfant naturel aurait eue s'il eût été légitime, suivant que le père ou la mère a laissé des descendants légitimes, des ascendants ou des frères et sœurs, ou simplement des collatéraux autres que frères et sœurs.

Ces mots : *enfants ou descendants*, sans aucune limitation, montrent que dans les successions irrégulières comme dans les successions régulières, la représentation a été admise à l'infini. Elle a lieu aussi dans les mêmes cas et s'exerce de la même manière qu'en succession régulière, car les motifs sont les mêmes, et l'art. 759 ne fait aucune distinction, aucune exception.

On s'est demandé si l'art. 759 ne comprenait pas indistinctement tous les enfants, soit légitimes, soit naturels de l'enfant naturel. Les partisans de l'affirmative invoquent la généralité du texte et les discussions engagées dans le conseil d'État. L'art. 759 parle des enfants et descendants sans aucune distinction : or, précisément, le consul Cambacérès demanda si l'enfant naturel devait jouir du bénéfice de cet article.

« M. Berlier observe que l'article ne peut s'appliquer dans toute sa latitude à un tel enfant, puisqu'on a décidé : 1° qu'il n'était pas héritier, mais simplement créancier ; 2° que cette créance, réduite à une quotité des biens et des droits du père, ne les représente conséquemment pas en entier.

« Le consul Cambacérès objecte que, quoique l'enfant naturel ne soit pas héritier, il a cependant droit à un tiers d'une part héréditaire dans la succession de son père; l'article transmet ce droit à ses descendants; or, s'il n'y a que des enfants naturels, ils auront un neuvième dans la succession de leur aïeul.

« L'article est adopté » (Fenet, t. XII, p. 30).

Mais de ce que l'article a été adopté immédiatement après les paroles du consul Cambacérès, et sans aucune contradiction, il ne faut pas conclure avec quelques auteurs que le conseil d'Etat ait adopté aussi l'opinion qui venait d'être émise. S'il eût voulu le faire, il eût reconnu la nécessité de changer la rédaction de l'article, de manière que la proposition du consul s'y trouvât clairement indiquée. Or, c'est ce qu'il n'a pas fait. L'opinion de Cambacérès, du reste, était trop en opposition avec les principes pour pouvoir être admise. L'art. 756, en effet, refuse aux enfants naturels tout droit sur les biens des parents de leurs père et mère, et il s'applique évidemment au cas où le père ou la mère est lui-même un enfant naturel, comme à celui où il est enfant légitime, et même à plus forte raison dans le premier que dans le second : car, s'il en était autrement, l'enfant naturel aurait à se réjouir de ce que son auteur n'est pas enfant légitime.

La même question se présente sur l'art. 766, qui appelle à la succession ordinaire de l'enfant naturel ses frères et sœurs naturels et leurs descendants. Il semble bien que l'on ne peut pas entendre ce mot *descendants* dans un autre sens que celui de l'art. 759. Plusieurs auteurs, cependant, même parmi ceux qui admettent l'interprétation qui vient d'être donnée de l'art. 759, pensent qu'ici la loi veut parler non-seulement des descendants légitimes, mais aussi des descendants naturels. On ne peut pas objecter, disent-ils, que, d'après l'art. 756, les enfants naturels n'ont aucun droit sur les biens des parents de leur père ou mère, puisque précisément l'art. 766 déroge à ce principe en appelant les frères et sœurs naturels à se succéder les uns aux autres.

Mais toute dérogation doit être renfermée scrupuleusement dans les limites que le texte lui assigne. Et puisque l'art. 766, après avoir introduit une exception pour les frères ou sœurs *naturels* et leurs descendants, n'a pas ajouté relativement à ces derniers : légitimes ou *naturels*, il résulte que, en ce qui concerne les descendants, on demeure sous l'empire de la règle générale. Or, la règle générale, c'est que la parenté ne peut se transmettre qu'aux descendants légitimes. Le système contraire, du reste, conduit à ce résultat choquant, que l'enfant naturel de l'enfant naturel, qui ne peut pas succéder au père de son père, succède néanmoins au frère naturel de son auteur.

CHAPITRE IV.

EFFETS DE LA REPRÉSENTATION.

Ainsi qu'il ressort de la définition même, la représentation a pour effet :

1° D'empêcher l'exclusion de parents plus éloignés par des parents plus proches, en faisant entrer les premiers dans le degré d'héritiers prédécédés qui, s'ils eussent vécu, se fussent trouvés au même degré ou à un degré plus proche que les derniers ;

2° D'attribuer au parent plus éloigné, au représentant, les droits de l'héritier prédécédé, du représenté.

Le législateur a voulu que la mort d'un père ne pût pas nuire à ses enfants, mais aussi qu'elle ne pût pas leur profiter [1]; et s'il accorde au représentant les droits du représenté, c'est sans augmentation aucune, comme sans diminution.

De là deux conséquences : le partage par souche entre les représentants, et l'obligation du rapport, par les représentants, de ce qui a été donné par le *de cujus* au représenté.

1. La même pensée a inspiré l'art. 914. Pour le calcul de la réserve, « les descendants, dit ce texte, ne sont comptés que pour l'enfant qu'ils représentent dans la succession du disposant ». Ces mots : *qu'ils représentent* ne signifient pas que cette disposition n'est faite que pour le cas de *représentation* ; ils ne sont pas employés ici dans leur sens juridique, et ils ont le même sens que ceux-ci : *dont ils sont issus*.

1° *Partage par souche.* — On distingue deux sortes de partages, en matière de succession : l'un qui s'opère *par tête,* et l'autre qui s'opère *par souche.*

Le partage par tête a lieu lorsque tous les cohéritiers sont au même degré et viennent tous de leur chef. On fait alors autant de parts égales qu'il y a de têtes d'héritiers.

Le partage par souche, au contraire, divise la succession en autant de portions qu'il y a de souches différentes tenant au défunt, et les héritiers d'une même souche ne prennent, quel que soit leur nombre, que la même portion qu'aurait eue l'auteur de la souche, s'il eût été vivant au moment où la succession s'est ouverte.

Le partage par souche est tellement lié à la représentation qu'on ne saurait la concevoir sans ce mode de partage. « Il est évident, disait Lebrun, que partout où il y a représentation on ne peut partager autrement que par souches, et que la représentation et le partage par souches sont choses absolument réciproques » (L. I, ch. VI, sect. IV, n° 4). Aussi l'art. 743 déclare-t-il que « dans tous les cas où la représentation est admise, le partage s'opère par souche... » *Dans tous les cas...* que les représentants se trouvent, entre eux, à des degrés inégaux, ou même égaux (art. 740 et 742). Dans ce dernier cas, ce n'est même qu'en vue du partage par souche que la représentation a été établie. Les petits-enfants nés d'enfants tous prédécédés n'ont pas à craindre, en effet, d'être exclus par des parents plus proches ; mais le partage par tête pourrait produire un résultat inique et peu moral. Si de deux enfants prédécédés, par exemple, l'un a laissé quatre descendants, et l'autre deux seulement, ceux-ci n'auraient que le tiers de la succession, tandis que leur père en eût recueilli la moitié; et les autres descendants, au contraire, profiteraient de la mort de leur père, en absorbant les deux tiers de la succession au lieu de la moitié qui devait régulièrement leur appartenir. La loi a voulu que des enfants fussent intéressés au prédécès de leur auteur, et d'un autre côté elle a maintenu entre les descendants respectifs des enfants au premier degré l'égalité qui devait régner parmi ceux-ci.

De ce que les représentants ne peuvent pas prendre dans la succession une portion plus forte que celle qu'aurait eue leur père, il résulte, dit Toullier, que c'est autant contre les petits-enfants qu'en leur faveur que la représentation a été établie : car si elle leur est favorable en un cas, elle leur est contraire dans un autre... C'est donc une limitation plutôt qu'une extension du droit des enfants.

N'est-il pas plus juste de dire, au contraire, que la représentation ne nuit jamais aux représentants, puisqu'elle ne les prive d'aucun droit, d'aucune espérance légitime, et que, d'un autre côté, elle peut leur profiter en les empêchant d'être dépouillés par l'effet d'une circonstance toute fortuite, la présence d'un plus grand nombre de descendants dans une souche. Il n'est pas nécessaire que la représentation soit une extension du droit des enfants, pour leur être favorable ; il suffit qu'elle leur assure d'une façon certaine ce qui, sans cela, eût pu leur échapper.

Après avoir établi la règle fondamentale du partage

par souche, l'art. 743 ajoute : « Si une même souche a produit plusieurs branches, la subdivision se fait aussi par souche dans chaque branche, et les membres de la même branche partagent entre eux par tête. »

C'est toujours la conséquence du principe que les représentants ne doivent avoir, à eux tous, que la même portion à laquelle leur auteur immédiat aurait eu droit lui-même, s'il eût vécu.

2° *Obligation du rapport.* — Suivant l'art. 848 : « Si le fils vient par représentation, il doit rapporter ce qui avait été donné à son père, même dans le cas où il aurait répudié sa succession ». Cette obligation ne dérive pas de ce que le représentant est tenu en général des faits et des engagements du représenté ; on sait qu'il n'en est pas ainsi. Elle résulte simplement de ce que le représentant ne doit avoir, dans la succession, que ce qu'aurait eu le représenté lui-même. Il ne serait pas juste que les autres héritiers fussent privés, par la substitution du représentant au représenté, du droit de faire rapporter ce que le représenté avait reçu en avancement d'hoirie.

Pothier, dans son commentaire sur la Coutume d'Orléans, dont l'art. 317 renfermait une disposition semblable, l'expliquait en disant : *qui alterius jure utitur, eodem jure uti debet* (*Introd. au tit.* XVII *de la Coutume d'Orléans*, n° 83).

De l'art. 848 il faut rapprocher l'art. 760, qui prescrit également l'obligation du rapport pour les descendants légitimes des enfants naturels, lorsqu'ils viennent par représentation. « L'enfant naturel ou ses *descendants* sont tenus d'imputer sur ce qu'ils ont droit de prétendre, tout ce qu'ils ont reçu du père ou de la mère dont la succession s'est ouverte, et qui serait sujet à rapport d'après les règles établies à la section II du chapitre VI du présent titre. »

Si les représentants n'ont jamais plus de droits que le représenté n'en aurait eus, ne peuvent-ils pas, dans certaines circonstances, en avoir moins? La question fut débattue, dans l'ancien droit, sur le point de savoir si la représentation pouvait donner aux filles de l'aîné prédécédé le préciput d'aînesse qu'aurait eu leur père. Les Coutumes s'étaient partagées : les unes, comme celles de Reims et de Laon, n'admettaient les filles qu'à une portion virile de la succession; tandis que celles de Paris et d'Orléans, et plusieurs autres, accordaient aux filles de l'aîné le droit de représenter leur père dans le droit d'aînesse. Les jurisconsultes en donnaient pour raison que ce n'était point dans leur personne, mais bien dans celle qu'elles représentaient qu'on devait rechercher le sexe et les qualités nécessaires pour succéder au droit d'aînesse (V. Pothier, *des succes.*, ch. II, sect. I, art. I, § 3).

La même difficulté a pu se présenter encore de nos jours, avant l'abolition des majorats; mais depuis la loi du 7 mai 1849, il est vrai de dire d'une façon absolue, et sans contestation aucune, que les représentants ont les mêmes droits que les représentés.

C'était aussi un point très-controversé que de savoir si, dans le cas où une succession était déférée à un fils et aux enfants ou petits-enfants d'un autre fils prédécédé, et que le fils renonçait, la représentation, qui place les enfants au degré de leur père, devait avoir pour effet de donner à ceux-ci le droit d'exclure les enfants du fils qui avait renoncé, bien qu'ils fussent tous au même degré. Des jurisconsultes en doutaient, parce que, suivant eux, la représentation avait été introduite pour admettre à la succession les descendants d'un degré plus éloigné avec ceux d'un degré plus proche, mais non pour faire exclure des enfants par d'autres enfants du même degré ou d'un degré plus éloigné. « La représentation, disait Basnage, est un bénéfice pour succéder seulement et non pour exclure, parce qu'autrement on ferait concurer deux grâces singulières et une double fiction » (sur l'art. 304 de la Coutume de Normandie). Mais à cet argument, ou plutôt à cette affirmation, on opposait ce raisonnement bien simple et fort logique. Dès l'instant de l'ouverture de la succession, le petit-fils ou l'arrière-petit-fils se trouve, par l'effet de la représentation, le cohéritier, à égal degré, du fils du *de cujus*. Si donc celui-ci renonce ou est déclaré indigne, sa part doit revenir, par droit d'accroissement, à celui que la représentation a fait son cohéritier (V. Pothier, *des succes.*, ch. II, sect. I, art. 1, § 3). Pour admettre une autre solution, il faudrait un texte exceptionnel. Dès que le représentant entre dans le degré et dans les droits du représenté, il est admis non-seulement à concourir avec les parents que le représenté aurait eus pour cohéritiers, mais aussi à exclure tous ceux que le représenté aurait exclus.

8

APPENDICE.

Il ne faut pas confondre la *représentation* avec la *transmission*.

La représentation a lieu dans le cas où l'enfant succède au lieu de son père, qui est décédé avant l'ouverture de la succession.

La transmission a lieu dans le cas où celui qui était appelé à une succession décède après son ouverture, mais avant de s'être porté héritier, et transmet son droit, avec sa propre succession, à ceux qui sont ses héritiers.

Ainsi, la représentation suppose une simple espérance, et la transmission un droit qui est déjà formé (V. Lebrun, l. III, ch. v, sect. I, n° 1).

Dans le premier cas, on dit que la succession est *immédiate*, parce qu'en effet les représentants prennent sans intermédiaire la succession que le représenté n'a pu avoir, puisqu'elle n'était pas ouverte lors de son décès.

Dans le second, au contraire, la succession est *médiate*, parce qu'elle a été d'abord déférée à celui auquel les héritiers succèdent, et que ce n'est qu'après lui qu'ils la recueillent.

De là résultent les différences suivantes :

1° Les représentants viennent *jure suo* : ils ne tiennent pas leur vocation du représenté, mais de la loi ;

et ce n'est pas aux droits du représenté qu'ils succèdent, mais aux droits qu'il aurait eus s'il eût survécu au *de cujus*.

Ceux au profit desquels s'opère la transmission, au contraire, acquièrent les droits qui s'étaient ouverts dans la personne du transmettant; ils succèdent *jure alieno*.

2° La représentation ne peut avoir lieu que dans les successions légitimes; tandis que le cas de transmission peut aussi bien se présenter dans les hérédités testamentaires que dans les hérédités *ab intestat*.

3° La représentation est un privilége qui n'existe qu'au profit de certaines personnes : ainsi un fils prédécédé ne peut pas être représenté par ses enfants naturels reconnus. Rien de pareil n'existe pour la transmission.

4° On peut représenter celui dont on a refusé la succession. Mais on ne peut succéder par transmission que sous la condition d'accepter la succession du transmettant.

POSITIONS.

DROIT ROMAIN.

I. La représentation remonte aux premiers temps de la législation romaine.

II. Les neveux ou nièces nés de frères ou sœurs germains prédécédés peuvent concourir avec les ascendants du *de cujus*, alors même que celui-ci n'a pas laissé de frères ou sœurs germains.

III. La représentation doit être admise pour faire succéder les neveux ou nièces à l'exclusion des oncles ou tantes du défunt.

IV. Lorsque les descendants se trouvent seuls, en égal degré, le partage se fait par souche.

V. Dans la même hypothèse, les neveux ou nièces partagent par tête.

VI. Il n'est pas nécessaire que le représentant soit héritier du représenté.

DROIT FRANÇAIS.

CODE NAPOLÉON.

I. Les enfants légitimes d'un fils adoptif ne peuvent

pas représenter leur père dans la succession de l'adoptant.

II. On peut représenter une personne présumée ou déclarée absente.

III. Le successible prédécédé chez qui se trouvait une cause d'indignité peut être représenté dans la succession dont il eût été exclu comme indigne.

IV. L'art. 759 ne s'applique qu'aux descendants légitimes de l'enfant naturel.

De même, l'art. 766, qui appelle à la succession ordinaire de l'enfant naturel les descendants de ses frères ou sœurs naturels, n'a en vue que les descendants légitimes.

V. Le droit des enfants naturels dans la succession de leur père ou mère, lorsqu'ils sont en présence de descendants de frères ou sœurs du *de cujus*, n'est pas plus étendu que lorsqu'ils viennent en concours avec les frères ou sœurs eux-mêmes.

VI. L'enfant naturel, en concours avec des ascendants et des collatéraux, ne prend que la moitié de la succession considérée en masse.

VII. Les créanciers qui attaquent la renonciation que leur débiteur a faite à un droit d'usufruit ou de succession, ne doivent pas prouver seulement que cette renonciation leur est préjudiciable, mais aussi qu'elle est frauduleuse.

VIII. L'héritier renonçant ou exclu de la succession comme indigne ne doit pas être compté pour le calcul de la réserve.

—

PROCÉDURE CIVILE.

I. Le débiteur en état de déconfiture encourt la déchéance prononcée par l'art. 128 du Code de procédure civile.

II. Le tribunal qui, par un premier jugement, rejette au préalable l'exception d'incompétence, ne peut enjoindre aux parties de plaider au fonds et sur-le-champ.

—

DROIT COMMERCIAL.

I. En matière commerciale, il n'y a pas lieu d'appliquer l'art. 1587 du Code Napoléon; la vente du vin, de l'huile et autres choses semblables est parfaite, indépendamment de la dégustation.

II. La femme mariée, non commerçante, qui a souscrit une lettre de change avec l'autorisation de son mari, est justiciable des tribunaux de commerce.

III. L'acceptation de la lettre de change ne peut avoir lieu que sur le titre lui-même.

—

DROIT CRIMINEL.

I. Il est inexact de dire que, par cela seul que le complice a su qu'il participait à un acte coupable, toutes les conséquences, toutes les circonstances dont cet acte s'aggrave, doivent retomber sur sa tête.

II. Celui qui, pour remettre en circulation des billets de banque annulés, fait disparaître le timbre qui constate cette annulation, se rend coupable du crime prévu par l'art. 139 du Code pénal.

—

DROIT ADMINISTRATIF.

I. Les cours d'eau non navigables ni flottables doivent être rangés dans la classe des choses communes.

II. Lorsque c'est la commune qui exproprie, le maire doit, à compter de l'arrêté de cessibilité, exercer exclusivement le droit de poursuite.

Vu par le Président de l'acte, doyen,

FEY. *

Permis d'imprimer :

Vu :

Pour le Recteur :

L'Inspecteur d'Académie délégué,

A. JOUBIN.

« Les visa exigés par les règlements sont une garantie des principes et des « opinions relatives à la religion, à l'ordre public et aux bonnes mœurs « (Statuts du 9 avril 1825, art. 41), mais non des opinions purement juri- « diques, dont la responsabilité est laissée aux candidats. »

« Le candidat répondra en outre aux questions qui lui seront faites sur « toutes les matières de l'enseignement. »

POITIERS. — TYPOGRAPHIE DE HENRI OUDIN.

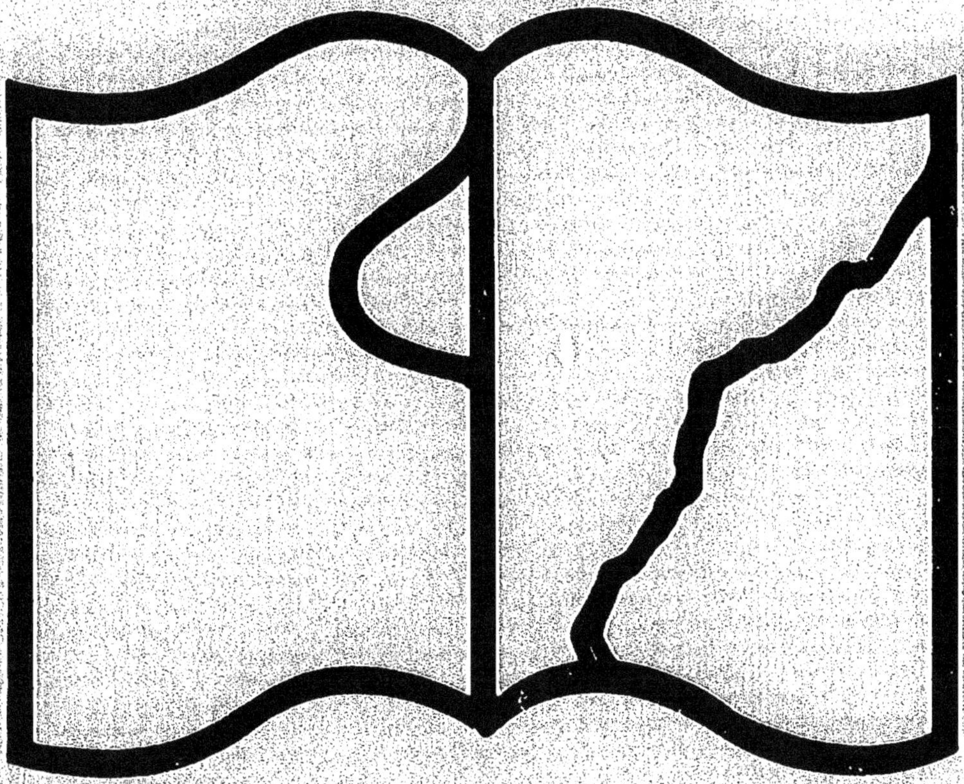

Texte détérioré — reliure défectueuse

NF Z 43-120-11

www.ingramcontent.com/pod-product-compliance
Lightning Source LLC
Chambersburg PA
CBHW060819250626
47162CB00005B/1854
9782019542139